旅游政策与法规

主　编　黄国刚　胡志毅　李家权
副主编　王海英　周孔华　夏志发
参　编　梅启轩　向先武　钟世全
　　　　陶　然　郭辉川

北京理工大学出版社
BEIJING INSTITUTE OF TECHNOLOGY PRESS

内容简介

本书是中等职业教育旅游服务与管理专业国家规划教材。

本书采取项目—任务式结构形式，共分十个项目，内容包括旅游法律基础知识，旅行社管理法律制度，导游人员管理法规制度，旅游服务合同法律制度，旅游消费者权益保护法律制度，旅游安全管理与旅游保险法律制度，旅游交通运输管理法律制度，住宿、饮食、娱乐管理法律制度，旅游资源保护法律制度，旅游者出入境管理法律制度。本书内容丰富，层次清楚，适用面广，理论联系实际，可操作性强。

本书可作为中等职业学校旅游服务与管理专业教材，也可作为旅行社岗位培训教材和行业人员自学用书。

版权专有 侵权必究

图书在版编目（CIP）数据

旅游政策与法规 / 黄国刚，胡志毅，李家权主编. -- 北京：北京理工大学出版社，2021.11

ISBN 978-7-5682-9997-8

Ⅰ.①旅… Ⅱ.①黄… ②胡… ③李… Ⅲ.①旅游业－方针政策－中国②旅游业－法规－中国 Ⅳ.①F592.0②D922.296

中国版本图书馆 CIP 数据核字（2021）第 262232 号

出版发行 /	北京理工大学出版社有限责任公司	
社　　址 /	北京市海淀区中关村南大街 5 号	
邮　　编 /	100081	
电　　话 /	（010）68914775（总编室）	
	（010）82562903（教材售后服务热线）	
	（010）68944723（其他图书服务热线）	
网　　址 /	http://www.bitpress.com.cn	
经　　销 /	全国各地新华书店	
印　　刷 /	定州市新华印刷有限公司	
开　　本 /	889 毫米 × 1194 毫米　1/16	
印　　张 /	11.5	责任编辑 / 武丽娟
字　　数 /	230 千字	文案编辑 / 武丽娟
版　　次 /	2021 年 11 月第 1 版　2021 年 11 月第 1 次印刷	责任校对 / 刘亚男
定　　价 /	44.00 元	责任印制 / 施胜娟

图书出现印装质量问题，请拨打售后服务热线，本社负责调换

前言

"旅游政策与法规"是中等职业学校旅游管理专业的必修课程，属于专业主干课程，是导游资格证考试的课程。通过学习本课程，学生应具备从事旅游行业的基本政策与法规知识，能够运用旅游政策与法规知识解决实际工作中遇到的业务问题。这是一门应用性和实践性较强的课程，因此在教学过程中，应以学生为主体，重视结合案例教学、课堂模拟教学、课堂讨论等教学方法。编者集合多位具有丰富教学经验的骨干教师和行业专家，从旅游管理专业及相应职业技能考试的需要出发编写本书，简明、实用地介绍了我国旅游政策与法规的基本知识和基本概念。

相对于其他同类教材，本书包括以下几个特点。

一是注重内容的准确性和权威性。法律、法规是编写本书的基石。本书的每一个项目都做到了先找到与该项目相关的法律法规，然后根据法律法规的具体内容安排知识内容，使本书的准确性、权威性有了保障，避免以讹传讹。

二是将最新的旅游法律法规融入教材之中。旅游法律法规在不断修订完善，旅游政策与法规教材的内容也要不断更新，编者注重将近年来我国新颁布或修订的与旅游相关的法律法规融入教材之中，保证教材能始终跟上旅游法律法规的变化，使内容更加新颖、丰富和实用。

三是突出实用性、技能性和可读性。本书在文字叙述上尽量采用通俗易懂的语言，在内容上突出实用性和技能性。为了方便教学和学生自学，编者设置了一些栏目，如"阅读案例""知识拓展"等穿插在正文之中，既使内容更为丰富，也增强了生动性和可读性。编者还在每个任务之后设立了"知识考查""任务实训"等栏目，方便学生掌握知识，提升学生将所学知识运用于实际工作中的能力。

四是在知识安排上注重满足旅游服务工作的实际需要。旅游法律法规内容繁多，编者从旅游服务工作的实际需要出发，巧妙安排知识，在许多方面体现了创新。例如，在介绍旅游合同时，通过案例以较大篇幅介绍了旅游合同的应用和操作，使这一项目的内容更有条理，也更好掌握。

本书由重庆市最美教师、重庆师范大学硕士研究生导师黄国刚，重庆师范大学地理与旅游学院副院长胡志毅教授，泰和泰律师事务所合伙人李家权律师担任主编。

重庆市万州职业教育中心王海英编写"旅游法律基础知识、导游人员管理法规制度"，夏志发编写"旅行社管理法律制度"，周孔华编写"旅游交通管理法律制度"，向先武编写"旅游消费者权益保护法律制度"，梅启轩编写"旅游服务合同法律制度"，钟世全编写

"住宿、食品、娱乐管理法律制度"。

　　重庆市万州职业教育中心兼职教师、上海（重庆）中联律师事务所陶然编写"游者出入境管理法律制度、旅游资源保护法律制度"，重庆市万州职业教育中心兼职教师、重庆市万州区体育场馆管理中心郭辉川编写"旅游安全与旅游保险法律制度"。

　　成都艺术职业大学航空旅游学院李炳林院长为本书的编写、试用与推广工作做出了积极贡献。

　　在编写本书的过程中，编者参考了许多专家、学者的研究成果和著作，已在参考文献中列出，在此表示衷心的感谢。

　　由于编者水平有限，如有与现行法律法规不同之处则以现行法律法规为准，若有不足之处，恳请广大读者批评、指正。

目录 CONTENTS

项目一　旅游法律基础知识 ……………………………………………………… 1
　　任务一　了解法律的本质与渊源 ……………………………………………… 2
　　任务二　理解全面依法治国基本方略的内涵 ………………………………… 7
　　任务三　掌握我国旅游法律制度 ……………………………………………… 11

项目二　旅行社管理法律制度 …………………………………………………… 17
　　任务一　认识旅行社 …………………………………………………………… 18
　　任务二　认识旅行社的设立与变更 …………………………………………… 22
　　任务三　了解旅行社经营 ……………………………………………………… 26

项目三　导游人员管理法规制度 ………………………………………………… 34
　　任务一　认识导游人员 ………………………………………………………… 35
　　任务二　熟悉导游人员的权利义务与法律责任 ……………………………… 38
　　任务三　了解导游人员管理制度 ……………………………………………… 46

项目四　旅游服务合同法律制度 ………………………………………………… 52
　　任务一　认知合同 ……………………………………………………………… 53
　　任务二　合同的订立与效力 …………………………………………………… 56
　　任务三　合同的履行与违约责任 ……………………………………………… 62
　　任务四　合同的变更、转让与终止 …………………………………………… 67
　　任务五　认知包价旅游合同 …………………………………………………… 71

项目五　旅游消费者权益保护法律制度 ………………………………………… 77
　　任务一　认知消费者权益保护法律制度 ……………………………………… 78
　　任务二　认知旅游消费者的权利和旅游经营者的义务 ……………………… 81
　　任务三　认知旅游消费争议的解决及法律责任 ……………………………… 88

项目六　旅游安全管理与旅游保险法律制度……………………………………… 97
任务一　认知旅游安全管理法律制度……………………………………… 98
任务二　认知旅游保险法律制度…………………………………………… 103
任务三　认知旅行社投保旅行社责任保险………………………………… 107

项目七　旅游交通运输管理法律制度……………………………………………113
任务一　认知旅游交通运输………………………………………………… 114
任务二　认知旅游交通运输管理制度……………………………………… 117

项目八　住宿、食品、娱乐管理法律制度…………………………………… 125
任务一　认知旅游饭店管理法律制度……………………………………… 126
任务二　认知食品安全法律制度…………………………………………… 133
任务三　认知娱乐场所管理法律制度……………………………………… 138

项目九　旅游资源保护法律制度………………………………………………… 143
任务一　认识旅游资源保护………………………………………………… 144
任务二　认知人文旅游资源保护制度……………………………………… 147
任务三　认知风景名胜区管理制度………………………………………… 153
任务四　认知自然保护区管理制度………………………………………… 158

项目十　旅游者出入境管理法律制度…………………………………………… 164
任务一　认知中国公民出入境管理制度…………………………………… 165
任务二　认知外国旅游者入出境管理制度………………………………… 170

参考文献……………………………………………………………………………… 177

项目一 旅游法律基础知识

项目引言

法是由统治阶级物质生活条件所决定的、体现统治阶级意志的、由国家制定并以国家强制力保证实施的行为规范的总和。

全面依法治国就是要实行法治,依照宪法和法律的规定,通过各种途径和形式,管理国家事务,管理经济和文化事业,管理社会事务,保证国家各项工作都依法进行。依法治国标志着我国治国方略的重大转变,在中国特色社会主义事业建设中具有重要意义。

随着旅游活动范围和规模的扩大及内容和形式的丰富,旅游活动与生态环境保护之间、旅游者与旅游经营者之间、旅游经营者之间,以及旅游业发展与政治、经济、文化发展之间等也出现了一系列错综复杂的社会关系,如何处理这些关系成为亟待解决的问题。因此,通过法律手段规范和调整上述社会关系的迫切性和重要性日益凸显,旅游法应运而生。

项目导航

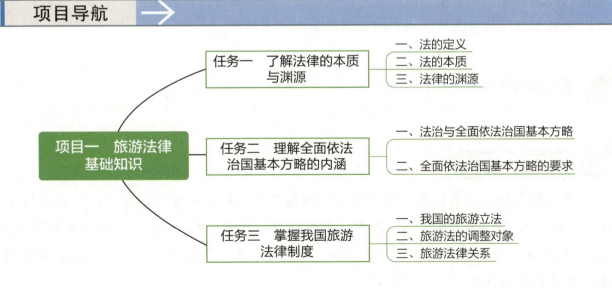

项目一 旅游法律基础知识

案例导入

《中国旅游饭店行业规范》第八条规定以下情况饭店可以不予接待：①携带危害饭店安全的物品入店者；②从事违法活动者；③影响饭店形象者（如携带动物者）；④无支付能力或曾有过逃账记录者；⑤饭店客满；⑥法律、法规规定的其他情况。

思考：

1."影响饭店形象者"在法律上有无定义？如果法律上没有定义，谁有权利予以定义？

2.《中国旅游饭店行业规范》依据自行的定义与规则，对消费者是否具有法律强制力或约束力？

任务一　了解法律的本质与渊源

任务目标

1.理解法的含义和本质，能够运用马克思主义观点解释法律现象；
2.了解中国法的渊源，建立中国法律体系的初步印象。

相关知识

一、法的定义

汉字以象形和会意为特点，旨在描述一种可观察的社会现象。汉字"法"的古体字是"灋"。《说文解字》中记载："灋，刑也。平之如水，从水；廌（zhì），所以触不直者去之，从去。"廌是传说中的独角神兽，其秉承神意，协助人辨明是非曲直。"灋"字说明法有公平裁断、明辨是非的含义。

关于"律"，据《说文解字》解释，"律，均布也"。均布是古代调节音律的工具，将"律"解释成均布，说明律有规范人们行为的作用，是人们普遍遵守的规范。中国最早的解释词义的著作《尔雅·释诂》明确记载："法，常也；律，常也。"这说明在秦汉时期，法与律已同义。中国古代已有"法""律"合用的记载，但真正把"法"与"律"用作独立的合成词加以连用的，是在清末时由日本传入我国。

本书所称的法的概念是：法是由一定社会的物质生活条件决定的国家意志，是由国家制定或认可的、由国家强制力保证实施的规范体系，其目的在于调整社会关系、维护社会正义、稳定社会秩序。

二、法的本质

法的现象是法的外部联系和特征，它是外露的、变化的，通过经验的、感性的和直观的方式加以认识就能够了解到的。法的本质是法的内部联系，它深藏于现象之后，是深刻的、冷静的、稳定的，需要通过抽象思维才能把握。"什么是法？"和"法是什么？"分别体现了人们对法的特征和本质的不同探求路径。

本书采用马克思主义的哲学立场，即辩证唯物主义和历史唯物主义，从法的阶级性和法的社会性两个方面对法的本质进行阐述。

（一）法的阶级性

法的阶级性是指在阶级对立的社会，法首先体现了一种国家意志，而这种意志实际上是统治阶级的意志。

只有国家制定的规范性法律文件，才能成为法律，表明法律的国家意志性。那么法律和国家的联系又意味着什么呢？国家的意志又具体是谁的意志呢？对该问题的思考和追问，就触及了法的本质的一个基本问题，即法的阶级性。

国家不是从来就有的，它是一定的社会发展阶段的产物，尤其产生于阶级矛盾不可调和的时期，国家的出现是为了缓和阶级矛盾，因此，它表面上必须凌驾于社会之上。国家必然是最强大的、在经济上占统治地位的阶级的国家，这个阶级借助于国家而在政治上也成为占统治地位的阶级。因此，法所体现的国家意志表面上是公共意志，实际上则是统治阶级的意志，国家意志就是法律化的统治阶级的意志。

法是统治阶级意志的体现，并不是说法律会完全忽视被统治阶级的利益和要求，也不是说法律不确认和保护社会公共利益。法所体现的统治阶级的意志，是统治阶级的整体意志、共同意志，不是统治阶级内部各派别、集团及每个成员的个别意志，也不是这些个别意志的简单相加。

（二）法的社会性

法的社会性是指法的内容受一定的社会因素制约，并最终由一定的社会物质生活条件所决定。

社会意识由一定的社会存在所决定。法作为上层建筑的组成部分，也是由以经济基础为核心的物质生活条件所决定的。社会物质生活条件主要是指统治阶级赖以建立其政治统治的经济基础。所以，从根本上看，法是由社会决定的，法取决于一定的经济关系，即经济基础。

法体现了国家与社会的关系。法作为一种社会现象，有自己存在的社会依据。需要强调的是，法作为调整人们行为的特殊规范，其实施必然需要依靠国家强制力。但是国家强制力的有效实施，必须以尊重客观规律为前提。法最终应当反映规律，法一旦违背规律，就会失去生命力。

三、法律的渊源

当代中国法的渊源以宪法为核心、以制定法为主要表现形式。首先，人民代表大会制度是我国的根本政治制度，全国人民代表大会是我国的最高权力机关，国家行政机关、国家监察机关、国家审判机关、国家检察机关等，都由它产生、对它负责。立法权属于全国人民代表大会及其常务委员会，因此，法的渊源必然以宪法为核心，以制定法为主要表现形式。其次，这与中国的文化、传统和公民心理因素有关。在中国历史上，制定法一直居主导地位，致使民众对于制定法具有特殊的心理认同。最后，中国特色社会主义法治建设的伟大实践和宝贵经验表明：制定法公布于世，有利于发挥法的引导、教育、规范和奖惩的功能，更有助于推进法治文明进程。

（一）宪法

宪法是我国治国安邦的总章程，不仅是中国革命和建设经验的科学总结和胜利成果，还是建设中国特色社会主义的伟大纲领。《中华人民共和国宪法》（以下简称《宪法》）制定于1954年，此后先后于1975年、1978年、1982年进行了三次较大修改，并于1988年、1993年、1999年、2004年、2018年对现行《宪法》的个别条款和部分内容进行了必要且重要的修正。

现行《宪法》及其修正案规定了我国的根本制度，确立了我国的国体、政体和国家结构形式，确认了公民的基本权利和义务，规定了国家机关的组织与活动原则、职权，确立了国旗、国歌、国徽和首都。

宪法是坚持全面依法治国、建设中国特色社会主义法治体系、建设社会主义法治国家的最高法律依据。维护宪法权威，保障宪法实施，是全国人民共同的神圣职责。

（二）法律

法律是指由全国人民代表大会或其常务委员会制定的规范性法律文件。通常人们把法律分为两类：一是基本法律，即由全国人民代表大会制定和修改的规范性法律文件；二是基本法律以外的其他法律，即由全国人民代表大会常务委员会制定和修改的、除应当由全国人民代表大会制定的法律以外的规范性法律文件，这类法律数量较多，是我国法的渊源的重要组成部分。

（三）行政法规

行政法规专指我国最高行政机关（即国务院）依照宪法规定的权限和法定程序制定和修改的规范性法律文件的总称，其法律地位仅次于宪法和法律。它调整范围广，数量多，在国家生活中起着重要作用。与此同时，国务院常务会议通过的决议、决定和它发布的行政命令，亦属于行政法规的范畴，具有同等法律效力。

（四）地方性法规

按《宪法》《中华人民共和国立法法》规定的权限，省、自治区、直辖市的人民代表大会及其常委会根据本行政区域的具体情况和实际需要，在不同宪法、法律、行政法规相抵触的前提下，可以制定地方性法规；设区的市的人民代表大会及其常委会根据本市的具体情况和实际需要，在不同宪法、法律、行政法规和本省、自治区的地方性法规相抵触的前提下，可以对城乡建设与管理、环境保护、历史文化保护等方面的事项制定地方性法规，法律对设区的市制定地方性法规的事项另有规定的，从其规定；自治州的人民代表大会及其常委会可以行使设区的市制定地方性法规的职权。

（五）自治法规

实行民族区域自治是中国共产党的一项基本民族政策，也是国家的一项基本政治制度。按《宪法》规定，我国在少数民族聚居的地方实行区域自治，设立自治机关。它们除行使地方国家机关的职权外，还有权在法定范围内行使自治权，包括有权依据当地特点制定被统称为自治法规的自治条例与单行条例。但自治区的自治条例和单行条例，须报全国人民代表大会常务委员会批准后方能生效；自治州、自治县的自治条例和单行条例，报省、自治区、直辖市的人民代表大会常委会批准后生效，并报全国人民代表大会常务委员会和国务院备案。自治法规不能同宪法、法律、行政法规相抵触，只在该自治地方有效。

（六）经济特区的经济法规

设立经济特区是我国改革开放以来所实行的一项特殊政策，主要是为了发展对外经济贸易，特别是利用外资和先进技术。1981年，全国人民代表大会常务委员会授权广东省、福建省人大及其常委会制定所属经济特区的各项单行经济法规；1989年，第七届全国人民代表大会第二次会议决定，授权深圳经济特区制定本特区的经济法规。经济特区的经济法规、规章不能与宪法、法律、行政法规相抵触，否则无效。经济特区的经济法规根据授权对法律、行政法规、地方性法规进行变通规定的，在本经济特区内适用经济特区经济法规的规定。

（七）特别行政区的法律、法规

按照《中华人民共和国香港特别行政区基本法》和《中华人民共和国澳门特别行政区基本法》的有关规定，香港、澳门这两个特别行政区有权制定在各自辖区内生效的法律、法规和命令等。特别行政区的法律、法规必须符合"一国两制"的精神，不能与宪法和全国人民代表大会制定的本特别行政区的基本法相抵触，并报全国人民代表大会常务委员会备案，备案不影响法律的生效。

（八）国际条约与协定

作为我国正式法律渊源的国际条约与协定，特指我国缔结或参加的国际条约与协定。按照《中华人民共和国缔结条约程序法》和有关法律的规定，凡我国缔结或参加的国际条约与协定在我国具有法律效力，属于当代中国法的渊源之一。

（九）法律解释

法律解释是指有权的国家机关对现行法律的内容和含义所进行的说明。我国法律的正式解释有三种：立法解释、行政解释和司法解释。

知识考查

1. 法是由一定社会的物质生活条件决定的_____，是由国家制定或认可的、由保证实施的规范体系，其目的在于_____。
2. _____是指在阶级对立的社会，法首先体现了一种国家意志，而这种意志实际上是统治阶级的意志。
3. _____是指法的内容受一定的社会因素制约，并最终由一定的社会物质生活条件所决定。
4. 当代中国法的渊源以_____为核心、以制定法为主要表现形式。
5. _____是坚持全面依法治国、建设中国特色社会主义法治体系、建设社会主义法治国家的最高法律依据。
6. 简述中国法的渊源。

_____
_____
_____

任务二　理解全面依法治国基本方略的内涵

任务目标

1. 理解法治的含义，了解全面依法治国基本方略提出的历史进程；
2. 理解全面依法治国方略的要求。

相关知识

一、法治与全面依法治国基本方略

（一）法治的含义

法治是文明社会的基本共识和人类的普遍追求，法治更是我们这个时代的主旋律。我们正在走入一个法治时代，国际社会正在呈现出一种法治化的趋势，国家之间、区域之间乃至世界范围内的很多问题越来越多地被纳入法治轨道。

法治，即法的统治，是以民主为前提和目标，以法律至上为原则，以严格依法办事为核心，以制约权力为关键的国家治理方式、社会管理机制、社会活动方式和社会秩序状态。

法治是一个古老而又常新的概念。当代中国法治的基本要义是从中国法治国情实际出发，传承中西方古代社会的优秀法治文化，并融汇现代法治具有普遍意义的要素而形成的，比较集中地体现为两个"十六字方针"。

1978年，党的十一届三中全会将我国对于法制建设的基本要义概括为"有法可依、有法必依、执法必严、违法必究"。法学界习惯上将其称为"十六字方针"。2012年，党的十八大报告将新时代厉行法治的基本要求概括为"科学立法、严格执法、公正司法、全民守法"，法学界称之为"新十六字方针"。

拓展阅读

法治与法制

法制，一是指法律制度的简称，二是指法律的体系、体制与架构的整体。

1. 联系

法制是法治的基础，法治是法制的深化。

法制首先强调的是关于法律的制度建设，它为法治确立制度前提，奠定制度基础。法治是与法制相伴随的，是建立在完备的法律制度的基础之上的。

法律制度的建立及其被切实实现是法制的目的。只有法治建立了，法制才能获得最好的立法环境和实施机制、实现条件。只有奠定法制的基础，进而实现法治的目标，才能实现依法治国，建立法治国家。

2. 区别

（1）是否强调法律至上不同。法治强调的是法的统治，就必然具有法律至上的含义。在法治的视野中，任何行为规则在与法律并存的时候都必须服从法律的规则，任何人的行为都必须遵守法律、服从法律，而不得违反。法制则不必然包含法律至上的含义。

（2）产生和存在的时代不同。法治，从严格意义上讲，是资产阶级革命的产物，是资本主义时代才产生并建立的，只有在资本主义社会和社会主义社会才存在。法制早在奴隶社会初期就产生了，它将伴随人类社会走过整个法律社会。

（3）与权力的关系不同。法治要求一切权力都必须服从法律，在法律之下活动。但是法制则不一定具有这样的要求。

（4）具有的价值观念不同。法治必然地具有自由、平等、人权的价值观念，但是法制则不一定。

（5）与民主的关系不同。没有民主，就没有法治。民主既是法治的价值观念，也是现实的政治基础和目标追求。但是法制则不要求必须有民主的政治基础，也不必然以民主作为自己的政治目标。

（二）依法治国基本方略的提出

1978年12月，党的十一届三中全会作出把工作重点转移到社会主义现代化建设上来的战略决策的同时，明确提出了健全社会主义法制和加强社会主义民主的方针，强调"有法可依、有法必依、执法必严、违法必究"。

1979年9月9日，中共中央发布了《关于坚决保证刑法、刑事诉讼法切实实施的指示》，首次提出要实行"社会主义法治"。

1982年12月4日，第五届全国人民代表大会第五次会议完成了对《宪法》的修改，为形成中国特色社会主义法律体系奠定了宪法基础。

1997年，党的十五大提出"依法治国，建设社会主义法治国家"，这是中国共产党首次将依法治国作为党领导人民治理国家的基本方略，把建设社会主义法治国家作为国家建设和发展的重要目标之一。

1999年3月15日，第九届全国人民代表大会第二次会议以宪法修正案的方式规定"中华人民共和国实行依法治国，建设社会主义法治国家"。至此，依法治国基本方略上升为宪法原则，得到了根本大法的确认。

（三）从依法治国到全面依法治国

2012年，党的十八大作出"全面推进依法治国"的决策部署，强调法治是治国理政的基本方式，要推进科学立法、严格执法、公正司法、全民守法，坚持法律面前人人平等，保证有法必依、执法必严、违法必究。

2013年，党的十八届三中全会通过的《中共中央关于全面深化改革若干重大问题的决定》确认了"法治中国"概念，并鲜明提出"推进法治中国建设"，强调依法治国、依法执政、依法行政共同推进，法治国家、法治政府、法治社会一体建设。

2014年10月，党的十八届四中全会通过了《中共中央关于全面推进依法治国若干重大问题的决定》。党的十八届四中全会之后，中国共产党关于新时代中国特色社会主义的战略布局更加明晰，正式提出"全面建成小康社会""全面深化改革""全面依法治国""全面从严治党"。

2017年，党的十九大进一步把"依法治国基本方略"转换为"全面依法治国基本方略"，同时把治国理政意义上的全面依法治国提升为新时代坚持和发展中国特色社会主义的基本方略，凸显了法治在"五位一体"总体布局和"四个全面"战略布局中的地位，提升了法治在推进国家治理现代化和建设社会主义现代化强国中的基础性、支撑性、引领性作用。

二、全面依法治国基本方略的要求

（一）坚持中国共产党的领导

坚持中国共产党的领导，是全面推进依法治国必须坚持的首要原则。社会主义法治必须坚持党的领导，党的领导必须依靠社会主义法治。只有在党的领导下依法治国、厉行法治，人民当家作主才能充分实现，国家和社会生活法治化才能有序推进。

（二）坚持人民主体地位

始终坚持法治建设为了人民、依靠人民、造福人民、保护人民，以保障人民根本权益为出发点和落脚点，保证人民依法享有广泛的权利和自由、承担应尽的义务，维护社会公平正义，促进共同富裕；始终坚持保证人民在党的领导下，依照法律规定，通过各种途径和形式管理国家事务，管理经济文化事业，管理社会事务。

（三）坚持法律面前人人平等

平等是社会主义法律的基本属性。任何组织和个人都必须尊重宪法法律权威，在宪法法

项目一 旅游法律基础知识

律范围内活动，依照宪法法律行使权力或权利、履行职责或义务，自觉维护法律的统一、尊严和权威，保证宪法法律实施。

（四）坚持依法治国和以德治国相结合

国家和社会治理需要法律和道德共同发挥作用，既重视发挥法律的规范作用，又重视发挥道德的教化作用。以法治体现道德理念，强化法律对道德建设的促进作用；以道德滋养法治精神，强化道德对法治文化的支撑作用。实现法律和道德相辅相成、法治和德治相得益彰。

（五）坚持依法治国与依规治党有机统一

中国共产党要履行好执政兴国的重大历史使命，赢得具有许多新的历史特点的伟大斗争胜利，实现党和国家的长治久安，必须坚持依法治国与依规治党统筹推进、有机统一，注重党内法规同国家法律的衔接和协调，发挥二者在治国理政中的互补作用。

（六）坚持从中国实际出发

中国特色社会主义法治道路和法治体系，只能建立在中国自身的基本国情和政治经济制度之上。坚持从实际出发就是要突出法治的中国特色、实践特色和时代特色，实现历史经验和现实需求与现实条件的统一，不断丰富和发展符合中国社会主义初级阶段客观实际、具有鲜明中国特色、反映社会发展客观规律的社会主义法治理论，正确地指导全面依法治国伟大实践。

知识考查

1. 法治，是以_____为前提和目标，以_____为原则，以_____为核心，以_____为关键的国家治理方式、社会管理机制、社会活动方式和社会秩序状态。

2. 十八大报告将新时代厉行法治的基本要求概括为"_____"，法学界称之为"新十六字方针"。

3. 党的十八届三中全会通过的《中共中央关于全面深化改革若干重大问题的决定》确认了"_____"概念。

4. _____提出"依法治国，建设社会主义法治国家"，这是中国共产党首次将依法治国作为党领导人民治理国家的基本方略

5. 党的十九大进一步把"依法治国基本方略"转换为"_____"。

6. 简述全面依法治国基本方略的要求。

_____
_____
_____
_____

任务三　掌握我国旅游法律制度

任务目标

1. 了解我国旅游立法的基本情况；
2. 理解旅游法的调整对象；
3. 了解旅游法律关系的概念，理解旅游法律关系的主要内容。

相关知识

一、我国的旅游立法

旅游法基础知识

旅游法是调整旅游关系的一系列法律规范的总和，而非一部单一的法律文件。这一规范体系以旅游为主线统一，既包括一个国家发展旅游业的根本大法旅游基本法，也包括涉及旅游活动各领域内单行的旅游法律、法规、规章，还包括散见于其他法律法规之中的有关旅游的法律规定；既包括国内规范，也包括国际规范。

广义的旅游法是指由国家制定或认可的调整旅游活动中所产生的各种社会关系的法律规范的总称。广义的旅游法包括：全国人民代表大会及其常务委员会制定的旅游法律；国务院制定的旅游行政法规；国家旅游行政主管部门制定的部门规章；地方性旅游法规及我国政府缔结、承认的国际旅游公约、规章等。

狭义的旅游法是指由全国人民代表大会及其常务委员会制定的旅游基本法，即《中华人民共和国旅游法》(以下简称《旅游法》)，该法经2013年4月25日第十二届全国人民代表大会常务委员会第二次会议通过，2013年4月25日中华人民共和国主席令第3号公布。《旅游法》分总则、旅游者、旅游规划和促进、旅游经营、旅游服务合同、旅游安全、旅游监督管理、旅游纠纷处理、法律责任、附则共10章112条，自2013年10月1日起施行。根据2016年11月7日第十二届全国人民代表大会常务委员会第二十四次会议《关于修改〈中华人民共和国对外贸易法〉等十二部法律的决定》第一次修正；根据2018年10月26日第十三届全国人民代表大会常务委员会第六次会议《关于修改〈中华人民共和国野生动物保护法〉等十五部法律的决定》第二次修正。

项目一　旅游法律基础知识

二、旅游法的调整对象

旅游法的调整对象是旅游活动中的各种社会关系。

旅游活动中的各种社会关系包括旅游企业与旅游者之间的关系、旅游行政管理机关与旅游企业之间的关系、旅游企业与旅游企业之间的关系、旅游涉外因素之间的关系（如外国旅游企业和中国旅游企业之间的关系）等。这些社会关系都是在旅游活动过程中产生的，体现了旅游活动的特点，这也是旅游法区别于其他法的显著标志之一。例如，旅游者在旅游活动过程中会和旅游企业之间结成权利义务关系，旅游者同时也会与其他的法律关系主体形成社会关系，但有些关系不是因旅游活动而产生的，体现不了旅游活动的特点，因此，不属于旅游法的调整范围。

三、旅游法律关系

（一）旅游法律关系的概念

法律关系是由法律规范所确认的当事人之间的具有权利义务内容的社会关系。显而易见，任何法律关系都是由这个法律部门对特定的社会关系进行调整而形成的一种社会关系。由此可见，旅游法律关系，是指由旅游法律规范所确认和调整，在旅游活动中所形成的当事人之间的权利义务关系。

（二）旅游法律关系的构成

旅游法律关系与其他法律关系一样，由旅游法律关系主体、旅游法律关系客体和旅游法律关系内容三个要素构成。

1. 旅游法律关系主体

旅游法律关系主体，是指在旅游法律关系中享有权利并履行义务的人或组织旅游者、旅游经营者、旅游组织、旅游行政管理部门。

2. 旅游法律关系客体

旅游法律关系客体，是指旅游法律关系主体的权利义务共同指向的对象。没有旅游法律关系客体，旅游法律关系主体的权利义务就会失去目标，无法衡量权利义务是否实现。旅游法律关系客体包括以下内容。

（1）物。物是指在旅游法律关系中具有一定的经济价值，可以通过付款取得或依法享用的客观实体。

（2）行为。行为是指旅游法律义系主体享有权利、履行义务的人为活动。

（3）智力成果。智力成果是指旅游法律关系主体通过智力活动创造的劳动成果。

（4）人身利益。人身利益是指民事主体因享有人身权而得到的在心理上、生理上、生产经营上及从事民事活动等方面不可缺少的切身利益，主要表现为人格利益和身份利益。

3. 旅游法律关系内容

旅游法律关系内容，是指旅游法律关系主体依法享有的相应权利及其承担的应尽义务。通常，旅游法律关系主体依法享有某种权能和相应利益。例如，旅行社有权要求旅游者按照合同支付旅游服务费用，从中实现劳动所得的相应利益。同时，旅游法律关系主体还须依法承担义务，即依法作出某种行为或不作出某种行为。例如，旅行社在旅游者支付费用后，必须依照约定组织游客观光，提供必要的旅游服务，不得擅自改变旅游路线、增加费用、减少旅游活动项目。

（三）旅游法律关系的产生、变更与终止

1. 旅游法律关系的产生

旅游法律关系产生，指因某种法律事实存在，致使旅游法律关系主体之间形成权利义务关系。例如，旅行社与旅游者的签约行为，使旅行社与旅游者之间形成权利义务关系。

2. 旅游法律关系的变更

旅游法律关系变更，指因某种法律事实存在，使已形成旅游法律关系的主体、客体或权利义务发生改变。例如，导游带团游览过程中遇到洪水，继续旅游面临危险，这就需要变更协议中的游览计划。旅游法律关系变更通常受到严格限制，一般不得随意改变，否则必须承担相应的法律责任。

3. 旅游法律关系的终止

旅游法律关系终止，指因某种法律事实存在，造成旅游法律关系主体双方的权利义务归于消亡。例如，签约双方按照旅游合同规定履行全部义务以后，旅游合同法律关系即行消亡。

（四）旅游法律关系的保护

旅游法律关系的保护，是指国家有关部门监督旅游法律关系主体正确行使权利、切实履行义务，并对侵犯旅游法律关系合法权利或不履行法定义务的行为追究法律责任的各种措施。

1. 旅游法律关系的保护机构

（1）国家旅游行政管理机关。国家各级专门的旅游行政管理机关是统一管理旅游业的政府职能部门。它有权依据旅游法规，在其职责范围内运用奖励或处罚的方法保护旅游法律关

系。辅助的旅游行政管理机关也可以依法对旅游活动作出奖励或者处罚的决定。例如，在旅游区、游览点内损害旅游资源和旅游设施的；采用不正当手段损害旅游者利益的；擅自涨价或削价扰乱旅游市场秩序的；违反出入境有关法律规定的，由旅游行政主管部门会同有关部门对其采取警告、罚款、没收非法所得、停业整顿、吊销营业执照、停止营业、拘留等行政处罚。

（2）仲裁机构。在旅游者和旅游经营单位之间，或旅游经营单位相互之间发生旅游纠纷时，当事人可以请求旅游行政管理部门或专门的仲裁机构调解或仲裁。旅游经营单位与其他单位发生旅游纠纷时，当事人也可以请求旅游行政管理部门会同有关部门或专门的仲裁机构共同调解或仲裁。如果双方当事人对旅游法律关系发生争议，经协商不能自行解决，提交上述部门调解或仲裁达成的协议或作出的裁决，当事人双方应当履行。当事人一方或双方对仲裁不服的，可以在规定的时间内向人民法院起诉。期满不起诉时，仲裁决定即发生法律效力。

（3）司法机关。司法机关一般指人民检察院和人民法院。人民检察院和人民法院根据法律的规定，分别对在旅游活动中触犯刑法者行使检察权和审判权。各级法院还可以对旅游活动中的民事法律行为作出判决。

2. 旅游法律关系的保护措施

旅游法律关系的保护措施可以分为行政法律措施、民事法律措施和刑事法律措施。

（1）行政法律措施。这是国家行政机关对违反法律法规的单位和个人所作出的警告、罚款、责令停业整顿、没收非法所得、吊销营业执照、行政拘留等相关处理措施。

（2）民事法律措施，主要包括停止侵害，排除妨碍，消除危险，返还财产，恢复原状，修理、重作或更换，赔偿损失，支付违约金，消除影响、恢复名誉，赔礼道歉等。其中，支付违约金和赔偿损失是旅游法律关系保护中较常采取的措施。

（3）刑事法律措施，主要是指人民法院对于构成犯罪的旅游法律关系主体依法追究刑事责任。

阅读案例

导游辱骂威胁游客获刑半年

2017年12月13～15日，导游李某受昆明云迪国际旅行社聘用，在云南省景洪市为所带游客提供导游服务并带游客到定点商家消费过程中，为达到迫使游客消费的目的，采取辱骂、威胁、对不参加消费的游客不发放房卡、对与其发生争执的游客驱赶换乘车辆等手段，强迫8名游客购买商品、消费"傣秀"自费项目，强迫交易金额达15 156元，情节严重。

2018年6月10日，景洪市人民法院对被告人李某强迫交易案进行一审公开宣判，对被告人李某以强迫交易罪判处有期徒刑6个月，并处罚金人民币2 000元。宣判后李某当庭表示认罪、悔罪，接受法院的判决。

任务三　掌握我国旅游法律制度

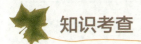 知识考查

1. 狭义的旅游法是指由全国人民代表大会及其常务委员会制定的旅游基本法——_____。

2. 旅游法的调整对象是_____。

3. _____是指由旅游法律规范所确认和调整，在旅游活动中所形成的当事人之间的权利义务关系。

4. _____是指在旅游法律关系中享有权利并履行义务的人或组织旅游者、旅游经营者、旅游组织、旅游行政管理部门。

5. 旅游法律关系的保护措施可以分为_____、_____和_____。

6. 简述旅游法律关系产生、变更与终止的内涵。

_____

_____

_____

_____

课外实践

通过查阅有关资料，以表格形式整理旅游相关法律、行政法规与部门规章目录，包括文件名称、颁布部门、颁布时间，效力状态等。

项目总结

法是由一定社会的物质生活条件决定的国家意志，是由国家制定或认可的、由国家强制力保证实施的规范体系，其目的在于调整社会关系、维护社会正义、稳定社会秩序。

法治，即法的统治，是以民主为前提和目标，以法律至上为原则，以严格依法办事为核心，以制约权力为关键的国家治理方式、社会管理机制、社会活动方式和社会秩序状态。

2012年，党的十八大作出"全面推进依法治国"的决策部署，强调法治是治国理政的基本方式。2017年，党的十九大把"依法治国基本方略"转换为"全面依法治国基本方略"。

旅游法是调整旅游关系的一系列法律规范的总和，而非一部单一的法律文件。这一规范体系以旅游为主线统一，既包括一个国家发展旅游业的根本大法旅游基本法，也包括涉及旅游活动各领域内单行的旅游法律、法规、规章，还包括散见于其他法律法规之

15

项目一 旅游法律基础知识

中的有关旅游的法律规定。

通过本项目的学习与实训,写下你的收获。

自我小结:
_____
_____
_____
_____
_____

教师评价:
_____
_____
_____
_____
_____

项目二 旅行社管理法律制度

项目引言

旅行社是旅游活动的组织者，它通过销售旅游产品，把旅游产品供应者和旅游产品消费者有机地联系在一起，并由此获取利润。因此，旅行社成为旅游行业的"龙头"企业，它与旅游交通、旅游饭店被称为旅游业的三大支柱。旅行社的作用决定了它在旅游立法中的优先地位。严格地说，我国真正意义上的旅游业始于改革开放，在此之前的旅游业，基本上属于政府接待范畴，所以，我国旅行社行业的立法也始于改革开放。

随着旅游产品的日益丰富，人们旅游需求不断增长。为了加强对旅行社的管理，保障旅游者和旅行社的合法权益，维护旅游市场秩序，促进旅游业的健康发展，我国制定了诸多有关旅行社的法律法规。

项目导航

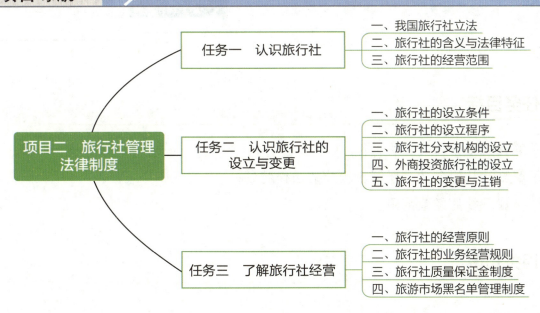

项目二　旅行社管理法律制度

案例导入

赵先生报名参加某旅行社的英国、葡萄牙、西班牙13日深度游旅游团，旅行社方面称此团为豪华团，可是赵先生的经历让他觉得该旅游团连基本的履行合同义务都做不到。

行程第一天，合同约定在唐人街自由活动一个小时，结果从下车到上车不足10分钟，而在比斯特购物村的时间却从约定的100分钟延长至180分钟。行程第三天，从英国飞往葡萄牙，领队擅自取消晚餐安排，一位患有糖尿病的老人严重低血糖，导致休克。行程第六天，合同约定的参观古罗马大道、天主教堂、阿拉伯人城门的时间被缩短了一个小时。行程第八天在马德里，领队发给每人一张打折卡，安排了150分钟购物，而此次购物合同上并没有约定，也未事先征得游客同意，购物的安排直接导致参观西班牙皇宫项目被删除。行程第九天，合同约定参观瓦伦西亚火祭博物馆、国立陶艺博物馆、瓦伦西亚美术馆等，结果因未安排好门票又被取消。赵先生回国后，对行程非常不满意，投诉到旅游质监执法机构。

思考：

该旅行社的做法是否符合业务经营规则？为什么？

任务一　认识旅行社

任务目标

1. 了解我国旅行社的立法工作；
2. 了解旅行社的含义，理解旅行社的法律特征；
3. 掌握旅行社的经营范围。

相关知识

一、我国旅行社立法

为了加强对旅行社的管理，保障旅游者和旅行社的合法权益，维护旅游市场秩序，促进旅游业的健康发展，2009年2月20日，国务院发布于同年5月1日起施行的《旅行社条例》；根据2016年2月6日《国务院关于修改部分行政法规的决定》第一次修订；2009年4月3日，国务院旅游主管部门发布于同年5月3日起施行的《旅行社条例实施细则》；根据2016年12月12日国务院旅游主管部门发布的修改《旅行社条例实施细则》的决定，对部分条款进行修改。根据2017年3月1日《国务院关于修改和废止部分行政法规的决定》第二次修订；根据2020年11月29日《国务院关于修改和废止部分行政法规的决定》第三次修订。

二、旅行社的含义与法律特征

旅行社概述

（一）旅行社的含义

旅行社是指有营利目的、从事旅游业务的企业。旅游业务是指为旅游者代办出境、入境和签证手续，招徕、接待旅游者，为旅游者安排食宿等有偿服务的经营活动。

（二）旅行社的法律特征

1. 旅行社是从事旅游业务的企业法人

从我国的法律法规和《旅行社条例》的规定看，旅行社是经营旅游业务、提供有偿服务、实现经营利润的社会组织。所以，旅行社是社会服务行业，属于第三产业的范畴。

2. 旅行社的业务是招徕、组织、接待旅游者，并提供相关旅游服务

旅行社提供的旅游服务主要包括：安排交通服务；安排住宿服务；安排餐饮服务；安排观光游览、休闲度假等服务；导游、领队服务；旅游咨询、旅游活动设计服务。

3. 其他被委托的旅游服务

旅行社还可以接受委托，提供下列旅游服务。

（1）接受旅游者的委托，代订交通客票、代订住宿和代办出境、入境、签证手续等。

（2）接受机关、事业单位和社会团体的委托，为其差旅、考察、会议、展览等公务活动代办交通、住宿、餐饮、会务等事务。

（3）接受企业委托，为其各类商务活动、奖励旅游等代办交通、住宿、餐饮、会务、观光游览、休闲度假等事务。

（4）其他旅游服务。

4. 旅行社是以营利为目的，实行独立核算的经济实体

旅行社为实现营利目的，合理地提供有偿服务，应当开拓旅游招徕和接待业务，增加旅游收入，并且通过计账算账的方法，开展精确的会计核算活动，节省旅游经营过程中的人

力、物力、财力的消耗，取得最佳经济效益。

三、旅行社的经营范围

旅行社可以经营以下一项或者多项业务。

（1）境内旅游是指旅行社从事招徕、组织和接待中国内地居民在境内旅游的业务。

（2）出境旅游是指旅行社招徕、组织、接待中国内地居民出国旅游，赴中国香港特别行政区、澳门特别行政区和台湾地区旅游，以及招徕、组织、接待在中国内地的外国人、在内地的香港特别行政区、澳门特别行政区居民和在大陆的台湾地区居民出境旅游的业务。旅行社申请经营赴台湾地区旅游业务的，适用《大陆居民赴台湾地区旅游管理办法》的规定。

（3）边境旅游是指经批准和指定的旅行社组织和接待我国及毗邻国家的公民，集体从指定的边境口岸出入境，在双方政府商定的区域和期限内进行旅游活动的业务。旅行社申请经营边境旅游业务的，适用《边境旅游暂行管理办法》的规定。

（4）入境旅游是指旅行社招徕、组织、接待外国旅游者来我国旅游，香港特别行政区、澳门特别行政区旅游者来内地旅游，台湾地区居民来大陆旅游，以及招徕、组织、接待在中国内地的外国人，在内地的香港特别行政区、澳门特别行政区居民和在大陆的台湾地区居民在境内旅游的业务。

阅读案例

网络旅行业与传统旅行社的碰撞

近年来，随着互联网、移动互联网的发展，在线旅游分销商已经成长到百亿美元的规模。人们可以在互联网上订票、订酒店、查攻略。这样灵活、便捷的互联网"轻"公司给传统旅游业带来不小的冲击。那么，传统旅行社面临怎样的挑战？它们又该如何生存和发展？

近日，市民郭女士刚刚享受了一次愉快的自由行。她说休假前就上网找了好几个旅游网，搜罗了自己想去的城市和酒店后，在网上订好机票，就开启了她的假期旅行，非常方便。郭女士说："如果跟团走它们安排的一些行程不是我喜欢的，但是还要跟着走，不能自己独自出行。跟旅行社还挺疲惫的，而网络上有景点介绍或者介绍在哪里住比较便宜，环境还好，我想上哪个景点就上哪个景点，自己订一张机票自己走，比较舒心。"

郭女士这样喜欢自由行的市民在吉林市还真不少。随时在网上搜罗自己想去的城市，看看行程安排，甚至连住宿和吃饭的地方都可以一并确定好。网络旅游网渐渐成了市民休闲娱乐时的主要辅助工具。

那么，网络旅行社与传统旅行社相比有哪些优势呢？吉林市雾凇旅行社有限公司电商部胡经理说："从电商方面，途牛也好、携程也好，像这种OTA（Online travel Agency，在线旅游）的模式针对的是喜欢自由行的比较年轻化的一些人群，如你现在要找一个相对冷门的地方,云南的某个酒店,它线上的资源是整合所有的航空公司的资源和各地采购的所有酒店的资源,利用它的平台进行销售,这个平台我们传统旅行社是做不到的。"

面对网络旅游业的兴起,传统旅行社也纷纷在网络上注册了公司网络客户端,发展网络业务,以迎合市场发展。胡经理说:"其实我们也是在做线上的服务,微信、网站、团购,做一些便民的服务。"

除了发展线上业务,传统旅行社也根据网络旅游业自身的弊端,从线路安排、价格定位、咨询服务等多方面进行调整,稳定固有客户群,发展创新服务。胡经理说:"携程主要做的是国内业务,因为出境涉及怎么办签证、怎么准备材料等,传统旅行社的优势就是面对面,帮客户把材料准备好。"

知识考查

1. 2009年2月20日,国务院发布于同年5月1日起施行的_____。2009年4月3日,国务院旅游主管部门发布于同年5月3日起施行的_____。

2. _____是指有营利目的、从事旅游业务的企业。

3. _____是指为旅游者代办出境、入境和签证手续,招徕、接待旅游者,为旅游者安排食宿等有偿服务的经营活动。

4. 简述旅行社的法律特征。
_____
_____
_____
_____

5. 简述旅行社的经营范围。
_____
_____
_____
_____

项目二 旅行社管理法律制度

任务二 认识旅行社的设立与变更

任务目标

1. 掌握旅行社的设立条件和设立程序；
2. 了解旅行社分支机构设立的条件与程序；
3. 了解外商投资旅行社的设立条件与要求；
4. 掌握旅行社变更与注销的相关规定。

相关知识

一、旅行社的设立条件

（一）有固定的营业场所

旅行社业务经营场所应该符合下列要求：申请者拥有产权的营业用房；或申请者租用的、租期不少于一年的营业用房；营业用房应当满足申请者业务经营的需要。

（二）有必要的营业设施

旅行社营业设施应至少包括：两部以上直线固定电话；传真机、复印机；具备与旅游行政管理部门及其他旅游经营者联网条件的计算机。

（三）有合格的经营管理人员和导游

旅行社设立，应当具备必要的总经理、经理、会计等经营管理人员诸条件，并需要提供符合法律规范的履历表。

（四）有符合法规要求的资本金

旅行社注册资本不少于30万元人民币。

（五）法律、行政法规规定的其他条件

旅行社取得经营许可满两年，且未因侵害旅游者合法权益受到行政机关罚款以上处罚的，可以申请经营出境旅游业务。

二、旅行社的设立程序

(一)设立许可

1. 申请文件

依据《旅行社条例实施细则》第八条的规定：申请设立旅行社，应当向省、自治区、直辖市旅游行政管理部门（简称省级旅游行政管理部门）提交下列文件。

（一）设立申请书。内容包括申请设立的旅行社的中英文名称及英文缩写，设立地址，企业形式、出资人、出资额和出资方式，申请人、受理申请部门的全称、申请书名称和申请的时间；

（二）法定代表人履历表及身份证明；

（三）企业章程；

（四）依法设立的验资机构出具的验资证明；

（五）经营场所的证明；

（六）营业设施、设备的证明或者说明；

（七）工商行政管理部门出具的《企业名称预先核准通知书》。

2. 申请许可

申请经营国内旅游业务和入境旅游业务的，应当向所在地省级旅游主管部门或者其委托的设区的市级旅游主管部门提出申请，并提交符合"取得企业法人资格并且注册资本不少于30万元"的相关证明文件。

受理申请的旅游主管部门应当自受理申请之日起20个工作日内作出许可或者不予许可的决定。予以许可的，向申请人颁发旅行社业务经营许可证；不予许可的，书面通知申请人并说明理由。

(二)申请经营出境旅游业务的特别规定

《旅行社条例实施细则》第十条规定，旅行社申请出境旅游业务的，应当向国务院旅游行政主管部门提交原许可的旅游行政管理部门出具的，证明其经营旅行社业务满两年、且连续两年未因侵害旅游者合法权益受到行政机关罚款以上处罚的文件。

《旅行社条例》第九条的规定，申请经营出境旅游业务的，应当向国务院旅游行政主管部门或者其委托的省、自治区、直辖市旅游行政管理部门提出申请，受理申请的旅游行政管理部门应当自受理申请之日起20个工作日内作出许可或者不予许可的决定。予以许可的，由国务院旅游行政主管部门向申请人换发旅行社业务经营许可证；不予许可的，书面通知申请人并说明理由。

旅行社取得出境旅游经营业务许可的，由国务院旅游行政主管部门换发旅行社业务经营许可证。

三、旅行社分支机构的设立

旅行社的分支机构包括分社和服务网点，根据《旅行社条例实施细则》第十八条的规定，不具有法人资格，以设立分社、服务网点的旅行社（简称设立社，下同）的名义从事《旅行社条例》规定的经营活动，其经营活动的责任和后果，由设立社承担。

（一）旅行社分社的设立

旅行社设立分社的，应当持旅行社业务经营许可证副本向分社所在地的工商行政管理部门办理设立登记，并自设立登记之日起3个工作日内向分社所在地的旅游行政管理部门备案。旅行社分社的设立不受地域限制。分社的经营范围不得超出设立分社的旅行社的经营范围。

设立社向分社所在地工商行政管理部门办理分社设立登记后，应当持下列文件向分社所在地与工商登记同级的旅游行政管理部门备案。

（1）设立社的旅行社业务经营许可证副本和企业法人营业执照副本。

（2）分社的《营业执照》。

（3）分社经理的履历表和身份证明。

（4）增存质量保证金的证明文件。

没有同级的旅游行政管理部门的，向上一级旅游行政管理部门备案。

（二）旅行社服务网店的设立

旅行社设立专门招徕旅游者、提供旅游咨询的服务网点应当依法向工商行政管理部门办理设立登记手续，并向所在地的旅游行政管理部门备案。旅行社服务网点应当接受旅行社的统一管理，不得从事招徕、咨询以外的活动。

设立社向服务网点所在地工商行政管理部门办理服务网点设立登记后，应当在3个工作日内，持下列文件向服务网点所在地与工商登记同级的旅游行政管理部门备案。

（1）设立社的旅行社业务经营许可证副本和企业法人营业执照副本。

（2）服务网点的《营业执照》。

（3）服务网点经理的履历表和身份证明。

没有同级的旅游行政管理部门的，向上一级旅游行政管理部门备案。

四、外商投资旅行社的设立

外商投资旅行社是指全部或者部分由外国的自然人、企业或者其他组织（简称外国投资

任务二 认识旅行社的设立与变更

者）投资，依照中国法律在中国境内经登记注册设立的旅行社。

依据《旅游法》和《旅行社条例》，我国对外商投资旅行社的设立已经实行了国民待遇，外商投资旅行社设立的条件与我国旅行社的设立条件相同。此外，《旅行社条例》第二十二条规定，设立外商投资旅行社，还应当遵守有关外商投资的法律、法规。

外商投资企业申请经营旅行社业务，应当向所在地省、自治区、直辖市旅游行政管理部门提出申请，并提交符合《旅行社条例》第六条规定条件的相关证明文件。省、自治区、直辖市旅游行政管理部门应当自收到受理申请之日起30个工作日内审查完毕。予以许可的，颁发旅行社业务经营许可证；不予许可的，书面通知申请人并说明理由。

外商投资旅行社可以经营入境旅游业务和国内旅游业务，不得经营中国内地居民出国旅游业务及赴香港特别行政区、澳门特别行政区和台湾地区旅游的业务，但是国务院决定或者我国签署的自由贸易协定和内地与香港、澳门关于建立更紧密经贸关系的安排另有规定的除外。

五、旅行社的变更与注销

旅行社变更名称、经营场所、法定代表人等登记事项或者终止经营的，应当到工商行政管理部门办理相应的变更登记或者注销登记，并在登记办理完毕之日起10个工作日内，向原许可的旅游主管部门备案，换领或者交回旅行社业务经营许可证。

🍁 知识考查

1. 旅行社注册资本不少于_____元人民币。

2. 受理申请的旅游主管部门应当自受理申请之日起_____工作日内作出许可或者不予许可的决定。

3. 旅行社的分支机构包括_____和_____。

4. 外商投资企业申请经营旅行社业务，应当向所在地省级旅游行政管理部门提出申请，并提交符合_____规定条件的相关证明文件。省级旅游行政管理部门应当自收到受理申请之日起_____工作日内审查完毕。

5. 简述设立旅行社需提交的文件。

_____
_____
_____

6. 简述申请经营出境旅游业务的特别规定。

_____
_____

> 项目二 旅行社管理法律制度

任务三 了解旅行社经营

任务目标

1. 了解旅行社的经营原则；
2. 了解旅行社的业务经营规则；
3. 了解旅行社质量保证金制度的主要内容；
4. 了解旅游市场黑名单管理制度的主要内容。

旅行社管理法律制度

相关知识

一、旅行社的经营原则

旅行社在经营活动中应当遵循自愿、平等、公平、诚实信用的原则，遵守商业道德。

（一）自愿原则

旅行社在经营活动和旅游服务中，不得通过欺诈、胁迫等手段，强迫相对人在非自愿情况下与旅行社构成旅游法律关系。

（二）平等原则

旅行社在经营活动和旅游服务中，不得将自己的意志强加给相对人，应平等对待与相对人之间的法律权利、义务关系。

（三）公平原则

旅行社在经营活动和旅游服务中，就合同双方当事人的权利、义务、民事责任等内容的确立，应当符合公开、公平和公正的法律规定。

（四）诚实信用

旅行社在经营活动和旅游服务中，应当诚实不欺，恪守诺言，讲究信用，不损害他人利益和社会利益，并以诚实信用方式履行法律义务与合同协议。

二、旅行社的业务经营规则

（一）旅游者招徕、组织及旅游服务采购方面

（1）旅行社为招徕、组织旅游者发布的信息，必须真实、准确，不得进行虚假宣传，误导旅游者。

（2）旅行社不得以低于旅游成本的报价招徕旅游者。

（3）旅行社招徕、组织、接待旅游者，其选择的交通、住宿、餐饮、景区等企业，应当符合具有合法经营资格和接待服务能力的要求。

（4）旅行社为旅游者提供服务，应当与旅游者签订旅游合同并载明相关具体事项。在签订旅游合同时，旅行社不得要求旅游者必须参加旅行社安排的购物活动或者需要旅游者另行付费的旅游项目。

（二）旅游接待方面

（1）旅行社及其从业人员组织、接待旅游者，不得安排参观或者参与违反我国法律、法规和社会公德的项目或者活动。

（2）旅行社不得以不合理的低价组织旅游活动，诱骗旅游者，并通过安排购物或者另行付费旅游项目获取回扣等不正当利益。

（3）旅行社组织、接待旅游者，不得指定具体购物场所，不得安排另行付费旅游项目。但是，经双方协商一致或者旅游者要求且不影响其他旅游者行程安排的除外。

发生违反第（2）（3）两款规定情形的，旅游者有权在旅游行程结束后30日内，要求旅行社为其办理退货并先行垫付退货货款，或者退还另行付费旅游项目的费用。

（4）旅行社组织团队出境旅游或者组织、接待团队入境旅游，应当按照规定安排领队或者导游全程陪同。

（5）旅游者在境外滞留不归的，旅行社委派的领队人员应当及时向旅行社和中华人民共和国驻该国使领馆、相关驻外机构报告。旅行社接到报告后应当及时向旅游行政管理部门和公安机关报告，并协助提供非法滞留者的信息。旅行社接待入境旅游发生旅游者非法滞留我国境内的，应当及时向旅游行政管理部门、公安机关和外事部门报告，并协助提供非法滞留者的信息。

（6）旅行社需要对旅游业务作出委托的，应当委托给具有相应资质的旅行社，征得旅游者的同意，并与接受委托的旅行社就接待旅游者的事宜签订委托合同，确定接待旅游者的各项服务安排及其标准，约定双方的权利、义务。同时，应当向接受委托的旅行社支付不低于接待和服务成本的费用；接受委托的旅行社不得接待不支付或者不足额支付接待和服务费用的旅游团队。如果由于接受委托的旅行社违约，造成旅游者合法权益受到损害的，作出委托

的旅行社应当承担相应的赔偿责任。作出委托的旅行社赔偿后，可以向接受委托的旅行社追偿。接受委托的旅行社故意或者重大过失造成旅游者合法权益损害的，应当承担连带责任。

> **拓展阅读**
>
> ### 旅游"零负团费"
>
> 从组团社的角度来说，旅游"零负团费"是指国内组团旅行社在销售旅游产品时，只收取旅游者的往返交通费、景点门票费等部分费用，旅游产品价格等于或低于旅游产品成本，旅游者在旅行目的地吃、住、行等费用及旅行社的利润都是从导游对旅游者的购物及推荐各种旅游自费活动中收取的一种旅游现象。
>
> 从组团社与地接社团费往来的关系来讲，"零负团费"又可以分为"零利润""零团费""负团费"。"零利润"就是地接社收取组团社的接待费用只包括游客在旅游目的地的吃、住、行、游的基本费用，地接社没有任何利润。"零团费"也称"零接待费"，即地接社不收取组团社任何费用，接待费为零。"负团费"就是地接社不但不收取组团社的接待费用，反而向组团社支付"个人佣金"，即地接社花钱"买团"。接待费用的不足及旅行社的利润、导游收入全靠游客在旅游目的地额外消费，从中抽取回扣来弥补。

（7）旅行社对可能危及旅游者人身、财产安全的事项，应当向旅游者作出真实的说明和明确的警示，并采取防止危害发生的必要措施。发生危及旅游者人身安全的情形的，旅行社及其委派的导游人员、领队人员应当采取必要的处置措施并及时报告旅游行政管理部门；在境外发生的，还应当及时报告中华人民共和国驻该国使领馆、相关驻外机构、当地警方。

（8）在旅游行程中，当发生不可抗力、危及旅游者人身、财产安全，或者非旅行社责任造成的意外情形，旅行社不得不调整或者变更旅游合同约定的行程安排时，应当在事前向旅游者作出说明；确因客观情况无法在事前说明的，应当在事后作出说明。

（9）在旅游行程中，旅行社及其委派的导游人员、领队人员应当提示旅游者遵守文明旅游公约和礼仪。

（三）其他方面

（1）旅行社违反旅游合同约定，造成旅游者合法权益受到损害的，应当采取必要的补救措施，并及时报告旅游行政管理部门。

（2）旅行社应当投保旅行社责任险。为减少自然灾害等意外风险给旅游者带来的损害，旅行社在招徕、接待旅游者时，可以提示旅游者购买旅游意外保险。

三、旅行社质量保证金制度

为加强对旅行社服务质量的监督和管理，保护旅游者的合法权益，《旅游法》第三十一条规定了旅游服务质量保证金制度。

（一）保证金的含义与使用

1. 保证金的含义

旅游服务质量保证金是指根据《旅游法》及《旅行社条例》，由旅行社在指定银行缴存或由银行担保提供的一定数额用于旅游服务质量赔偿支付和团队旅游者人身安全遇有危险时紧急救助费用垫付的资金。

2. 保证金的使用范围

《旅游法》第三十一条规定，旅行社应当按照规定交纳旅游服务质量保证金，用于旅游者权益损害赔偿和垫付旅游者人身安全遇有危险时紧急救助的费用。

（二）保证金的交纳

1. 交纳期限

旅行社应当自取得旅行社业务经营许可证之日起3个工作日内，在国务院旅游行政主管部门指定的银行开设专门的质量保证金账户，存入质量保证金，或者向作出许可的旅游行政管理部门提交依法取得的担保额度不低于相应质量保证金数额的银行担保。

2. 交纳标准

经营国内旅游业务和入境旅游业务的旅行社，应当存入保证金20万元；经营出境旅游业务的旅行社，应当增存保证金120万元，经营国内旅游业务、入境旅游业务和出境旅游业务的旅行社，应当存入保证金140万元。

旅行社每设立一个经营国内旅游业务和入境旅游业务的分社，应当向其保证金账户增存5万元；每设立一个经营出境旅游业务的分社，应当向其保证金账户增存30万元；每设立一个经营国内旅游业务、入境旅游业务和出境旅游业务的分社，应当向其保证金账户增存35万元。

3. 交纳方法

旅行社可从规定的两种交纳方法中自行选择。

（1）将现金存入指定银行的专门账户。

（2）提交银行担保。由旅行社向作出许可的旅游主管部门提交担保数额不低于保证金交纳标准的银行担保。

（三）保证金的管理

保证金及其孳息属于交纳的旅行社所有。

旅行社因解散或破产清算、业务变更或撤减分社减交、三年内未因侵害旅游者合法权益受到行政机关罚款而降低保证金数额 50% 等原因，需要支取保证金时，须向许可的旅游行政主管部门提出，许可的旅游行政主管部门审核出具《旅游服务质量保证金取款通知书》。银行根据《旅游服务质量保证金取款通知书》，将相应数额的保证金退还给旅行社。

为激励旅行社合法经营，形成有序的市场环境，促进旅游业健康发展，我国对保证金实行动态管理。具体方式包括降低交纳标准、退还已交纳的保证金和补足保证金。

四、旅游市场黑名单管理制度

为维护旅游市场秩序，加快旅游领域信用体系建设，促进旅游业高质量发展，文化和旅游部于 2018 年 12 月 21 日制定发布了《旅游市场黑名单管理办法（试行）》。

（一）黑名单管理的含义与适用对象

1. 黑名单管理的含义

旅游市场黑名单管理是指文化和旅游行政部门或者文化市场综合执法机构将严重违法失信的旅游市场主体和从业人员、人民法院认定的失信被执行人列入全国或者地方旅游市场黑名单，在一定期限内向社会公布，实施信用约束、联合惩戒等措施的统称。

2. 黑名单的适用对象

（1）严重违法失信的旅游市场主体，包括旅行社、景区、旅游住宿等从事旅游经营服务的企业、个体工商户和通过互联网等信息网络从事提供在线旅游服务或者产品的经营者。

（2）严重违法失信的从业人员，包括上述市场主体的法定代表人、主要负责人以及导游等其他从业人员。

（3）人民法院认定的失信被执行人，是指被执行人具有履行能力而不履行生效法律文书确定的义务，被人民法院纳入失信被执行人名单的人员。

（二）列入黑名单的情形

1. 列入情形

具有下列情形之一的旅游市场主体和从业人员列入本辖区旅游市场黑名单：

（1）因侵害旅游者合法权益，被人民法院判处刑罚的；

（2）在旅游经营活动中因妨害国（边）境管理受到刑事处罚的；

（3）受到文化和旅游行政部门或者文化市场综合执法机构吊销旅行社业务经营许可证、导游证处罚的；

（4）旅游市场主体发生重大安全事故，属于旅游市场主体主要责任的；

（5）因侵害旅游者合法权益，造成游客滞留或者严重社会不良影响的；

（6）连续12个月内两次被列入旅游市场重点关注名单的（重点关注名单管理办法另行制定）；

（7）法律法规规章规定的应当列入旅游市场黑名单的其他情形。

2. 失信被执行人

《旅游市场黑名单管理办法（试行）》第四条规定，将人民法院认定的失信被执行人列入旅游市场黑名单。

（三）具体惩戒措施

文化和旅游行政部门、文化市场综合执法机构应当对列入旅游市场黑名单的旅游市场主体和从业人员实施下列惩戒措施。

（1）作为重点监管对象，增加检查频次，加大监管力度，发现再次违法违规经营行为的，依法从重处罚。

（2）法定代表人或者主要负责人列入黑名单期间，依法限制其担任旅游市场主体的法定代表人或者主要负责人，已担任相关职务的，按规定程序要求变更，限制列入黑名单的市场主体变更名称。

（3）对其新申请的旅游行政审批项目从严审查。

（4）对其参与评比表彰、政府采购、财政资金扶持、政策试点等予以限制。

（5）将其严重违法失信信息通报相关部门，实施联合惩戒。

另外，文化和旅游行政部门应对列入旅游市场黑名单的失信被执行人及其法定代表人、主要负责人、实际控制人、影响债务履行的直接责任人员在高消费旅游方面实施惩戒，限制其参加由旅行社组织的团队出境旅游。

知识考查

1. 旅行社在经营活动中应当遵循_____、_____、_____、诚实信用的原则，遵守_____。

2. 旅行社不得以_____的报价招徕旅游者。

3. 旅行社组织团队出境旅游或者组织、接待团队入境旅游，应当按照规定安排_____ _____全程陪同。

项目二 旅行社管理法律制度

4. 旅游者在境外滞留不归的，旅行社委派领队人员应当及时向旅行社和中华人民共和国驻该国_____报告。

5. _____是指根据《旅游法》及《旅行社条例》，由旅行社在指定银行缴存或由银行担保提供的一定数额用于旅游服务质量赔偿支付和团队旅游者人身安全遇有危险时紧急救助费用垫付的资金。

6. 旅行社应当自取得旅行社业务经营许可证之日起_____个工作日内，在国务院旅游主管部门指定的银行开设专门的质量保证金账户，存入质量保证金。

7. 简述旅游服务质量保证金的缴纳标准。
_____
_____
_____
_____

8. 简述旅游市场黑名单管理制度的适用对象。
_____
_____
_____
_____

课外实践

学生尝试设立旅行社，准备有关的文件和物品（虚拟），提交旅游行政主管部门（教师）审核。

项目总结

旅行社是指有营利目的、从事旅游业务的企业。旅游业务是指为旅游者代办出境、入境和签证手续，招徕、接待旅游者，为旅游者安排食宿等有偿服务的经营活动。

设立旅行社应满足以下条件：有固定的营业场所；有必要的营业设施；有合格的经营管理人员和导游；有符合法规要求的资本金；法律、行政法规规定的其他条件。

申请设立旅行社，经营境内旅游业务和入境旅游业务的，应当向省级旅游行政管理部门提交申请文件。受理申请的旅游主管部门应当自受理申请之日起20个工作日内作出许可或者不予许可的决定。

旅行社在经营活动中应当遵循自愿、平等、公平、诚实信用的原则，遵守商业道德。

旅游服务质量保证金是指根据《旅游法》及《旅行社条例》，由旅行社在指定银行缴存或由银行担保提供的一定数额用于旅游服务质量赔偿支付和团队旅游者人身安全遇有危险时紧急救助费用垫付的资金。

旅游市场黑名单管理是指文化和旅游行政部门或者文化市场综合执法机构将严重违法失信的旅游市场主体和从业人员、人民法院认定的失信被执行人列入全国或者地方旅游市场黑名单，在一定期限内向社会公布，实施信用约束、联合惩戒等措施的统称。

通过本项目的学习与实训，写下你的收获。

自我小结：

教师评价：

项目三

导游人员管理法规制度

项目引言

　　导游人员是旅游业的窗口，是旅游接待工作第一线的关键人员，代表旅行社乃至旅游目的地的对外形象，同时是一个国家文明的代表和体现。

　　随着我国旅游业的迅速发展，导游队伍不断壮大，他们在旅游业中的作用越来越重要。因此，加强对导游队伍的管理，特别是加强对导游队伍的法律管理，提高导游人员的法律意识，是促进旅游业健康发展的重要保证。

　　为确保对导游人员的有效管理，提高旅游服务质量，规范导游工作，保护旅游者和导游人员的合法权益，国务院旅游主管部门相继颁布了《导游人员管理暂行规定》（1999年废止）、《导游人员管理条例》、《导游人员管理实施办法》（2016年废止）、《出境旅游领队人员管理办法》等法律法规。

　　这些导游人员管理法规的建立，为旅游行政部门对导游人员的管理和指导提供了法律依据，也是导游人员和旅游者合法权益的法律保证，对加强我国导游队伍建设、促进旅游业健康发展起到了巨大的推动作用。

项目导航

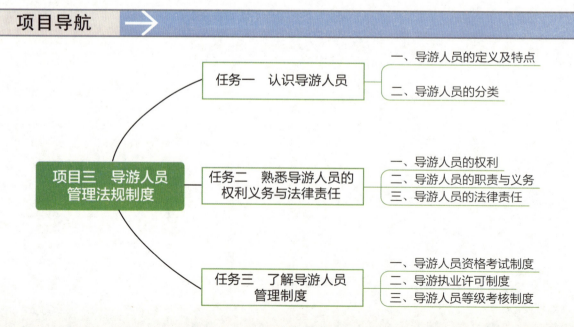

任务一　认识导游人员

> **案例导入**
>
> 某旅行社组织了黄山二日游，导游人员小王全程陪同该团队。她刚从学校毕业不久，从事导游工作时间还不长，但她组织能力较强、旅游知识较丰富。在前往黄山的途中，小王为游客唱了几首歌，并介绍了安徽的风土人情、风景名胜。但一些游客觉得不够刺激，其中游客A非要小王讲几个"黄色"笑话，并说所有导游都应该会讲。小王此时感到非常为难，她认为导游人员在带团过程中讲"黄色"笑话是不妥当的，就婉言拒绝了游客A，并提议让所有游客参与做一个互动游戏。
>
> 思考：
> 对于游客要求导游讲"黄色"笑话的要求，案例中导游小王的处理方式对吗？为什么？

任务一　认识导游人员

任务目标

1. 了解导游人员的定义，理解导游人员的特点；
2. 了解导游人员的分类。

相关知识

一、导游人员的定义及特点

导游人员概述

（一）导游人员的定义

根据《导游人员管理条例》第二条的规定，导游人员是指依照条例规定取得导游证，接受旅行社委派，为旅游者提供向导、讲解及相关旅游服务的人员。

项目三　导游人员管理法规制度

（二）导游人员的特点

1. 必须依照规定取得导游证

依法取得导游证，是担任导游工作的前提条件。只有参加导游资格考试合格，并取得导游证的人，才能从事导游工作。

2. 从事导游活动必须接受旅行社委派

接受旅行社委派，是导游的主要特征。只有接受旅行社的委派从事导游活动的人，其合法从业权才能受到法律保护，私自承揽导游业务进行导游活动的行为将受到法律的追究。

3. 为旅游者提供向导、讲解及相关旅游服务

为旅游者提供向导、讲解及相关旅游服务，是导游的工作范围。向导是指引路、带路；讲解是指解说、指点风景名胜；相关旅游服务一般是指代办各种旅行证件和手续、代购交通票据、安排旅游行程等与旅行游览有关的各种活动。

阅读案例

从事导游活动必须取得导游证

某高校外语系学生王某先后两次报名参加导游资格考试，均未合格。他急于从事导游工作，遂与某旅行社多次联系，希望能给予带团导游实习机会。次年7月，正值旅游旺季，该社导游人员不足，遂聘用王某充任导游人员，被旅游行政管理部门查获，以其未通过导游资格考试，擅自进行导游活动给予了罚款处罚。王某对处罚不服，认为自己并非擅自进行导游活动，而是受旅行社聘用从事导游工作的，旅游行政管理部门处罚不当，遂向上一级旅游行政管理部门申请复议。

本案中王某的看法不正确，依据《导游人员管理条例》，在中华人民共和国境内从事导游活动，必须取得导游证。王某未取得导游证，进行导游活动应属于无证导游行为。无导游证进行导游活动的，由旅游行政部门责令改正并予以公告，处1 000元以上3万元以下的罚款；有违法所得的，并处没收违法所得。

二、导游人员的分类

导游人员由于业务范围、业务内容的不同，服务对象和使用语言各异，其业务性质和服务方式也不尽相同，可以有不同的分类。

（一）按语种分类

从导游使用的语言上分类，可分为中文导游人员和外国语导游人员。

（1）中文导游人员，是指能够使用普通话、地方语或少数民族语言，从事导游业务的人员。这类导游人员一般是为国内旅游者，回内地探亲的香港、澳门同胞，回大陆探亲的台湾同胞和回国的外籍华人旅游者提供汉语服务。

（2）外国语导游人员，是指能够运用外国语言从事导游业务的人员，他们的主要服务对象是入境外国旅游者和出境旅游的中国公民。

（二）按导游的服务范围分类

根据导游的服务类型，可分为全程陪同、地方陪同、定点陪同和领队人员。

（1）全程陪同，是指受组团旅行社委派或聘用，为跨省、自治区、直辖市范围的旅游者提供全部旅程导游服务的人员。全程陪同在旅游者（团）的整个行程中一直陪伴他们，为其提供导游服务。

（2）地方陪同，是指受接待旅行社委派或聘用，在省、自治区、直辖市范围内，为旅游者提供导游服务的人员。在业务实践中，地方陪同只在当地帮助全程陪同，安排旅行和游览事项，提供讲解和旅途服务。

（3）定点陪同，是指受景区（点）管理机构委派或聘用，在景点或参观场所的一定范围内为旅游者进行导游讲解的人员。

（4）领队人员，又称出境旅游领队人员，是指依照《出境旅游领队人员管理办法》规定，取得出境旅游领队证，接受具有出境旅游业务经营权的国际旅行社的委派，从事出境旅游领队业务的人员。

（三）按导游隶属关系分类

根据导游隶属关系的不同，可分为专职导游人员和兼职导游人员。

（1）专职导游人员，是指持有导游证，与旅行社签有正式劳动合同，与旅行社存在正式劳资关系的工作人员。

（2）兼职导游人员，是指持有导游证，挂靠某旅行社或导游服务公司而非旅行社正式员工，与旅行社没有正式的劳资关系，在有出团任务时临时受聘于旅行社，为该社带团的工作人员。

知识考查

1. 导游人员是指依照条例规定取得_____，接受_____委派，为旅游者提供向导、讲解及相关旅游服务的人员。

2. 依法取得_____，是担任导游工作的前提条件。

3. 根据导游的服务类型，可分为_____、_____、_____和领队人员。

项目三 导游人员管理法规制度

4. 领队人员，又称出境旅游领队人员，是指依照《出境旅游领队人员管理办法》规定，取得_____，接受具有出境旅游业务经营权的国际旅行社的委派，从事出境旅游领队业务的人员。

5. 简述导游人员的特点。

_____

_____

_____

_____

任务二　熟悉导游人员的权利义务与法律责任

任务目标

1. 掌握导游人员的权利；
2. 掌握导游人员的职责和义务；
3. 牢记导游人员的法律责任。

相关知识

一、导游人员的权利

（一）导游人员的人身权

导游人员进行导游活动时，其人格尊严应当受到尊重，其人身安全不受侵犯。导游人员有权拒绝旅游者提出的侮辱其人格尊严或者违反其职业道德的不合理要求。

所谓人格权，是民事主体具有法律上的独立人格所必须享有的民事权利，包括生命权、健康权、姓名权、肖像权、名誉权、荣誉权和隐私权等在内的诸多权利。人格权既是构成人的人格要素，也是人作为民事主体从事民事活动所应当得到保障的基础要件。

（二）导游人员在旅游活动中享有调整或变更接待的计划权

《导游人员管理条例》规定："导游人员在引导旅游者旅行、游览过程中，遇有可能危及旅游者人身安全的紧急情形时，经征得多数旅游者的同意，可以调整或变更接待计划，但是应当立即报告旅行社。"导游人员享有调整或变更接待计划的权利，须同时满足下列条件。

（1）须是在引导旅游者旅行、游览的过程中。也就是说，必须是在旅游活动开始后、结束前，导游人员方可能行使调整或变更接待计划的权利。

（2）须是遇有可能危及旅游者人身安全的紧急情形。导游人员行使权利的情形，必须是由于遇到有可能危及旅游者人身安全的紧急情形。

（3）须征得多数旅游者同意。导游人员只要征得多数旅游者的同意，就可以调整或变更旅游接待的计划，而非需要得到全体旅游者的一致同意。

（4）须立即报告旅行社。这实际上是指在特殊情况的前提下，导游人员对此旅游合同调整、变更之代理权需要得到旅行社追认。

阅读案例

如遇突发情况要果断变更游览行程

河北某公司组织员工游览某风景名胜区。根据签订的合同约定，当地某旅行社负责接待，并安排孙某为导游。7月5日上午，孙某引导大家外出旅游。到中午时，天气突变，下起暴雨。大多游客见此情景，建议孙某带团返回宾馆。孙某却称，行程是旅行社预先确定好的，自己不能随便更改，大家只好继续前行。下午2时，雨越下越大，造成个别路段严重积水，旅游车被困途中。孙某见势不妙，借口找人竟然溜走。游客在风雨中苦苦等待两个多小时，直到雨停下来后，才在当地有关部门的帮助下，得以安全返回住所。

根据《导游人员管理条例》的规定，导游人员在引导旅游者旅行、游览过程中，遇有可能危及旅游者人身安全的紧急情形时，经征得多数旅游者的同意，可以调整或变更接待计划，但是应当立即报告旅行社。在本案中，导游孙某本应根据天气变化，尊重多数游客意见，果断变更游览行程，立即率团返回宾馆，避免发生危险，并将情况立即报告旅行社，却机械地履行职责，不知随机应变。

（三）依法享有申请复议权和行政诉讼权

1. 依法享有申请复议权

《导游人员管理条例》规定了对导游人员违反条例的行政处罚。如果导游人员对行政部门所给予的行政处罚不服，依照《中华人民共和国行政复议法》（以下简称《行政复议法》）的规定，有权向作出这一处罚的行政管理部门的上一级行政管理机关申请复议。

项目三　导游人员管理法规制度

导游人员对行政部门下列行政行为不服时，可以依法申请复议：

（1）对罚款、吊销导游证、责令改正、暂扣导游证等行政处罚不服。

（2）认为符合法定条件申请行政机关颁发证件、证书，行政部门拒绝颁发或者不予答复。

（3）认为行政部门违法要求导游人员履行义务。

（4）认为行政部门侵犯导游人员的人身权、财产权。

（5）法律、法规规定可提起申请复议的其他具体行政行为。

2. 依法享有向人民法院提起行政诉讼权

导游人员对行政管理部门给予该人员的行政处罚和有关行政行为，不仅享有申请复议权，还享有向人民法院提起行政诉讼的权利。

导游人员对行政部门下列具体行政行为不服时，有权向人民法院提起诉讼：

（1）对行政处罚不服。

（2）对符合法定条件申请行政部门颁发证书、证件，行政部门拒绝颁发或不予答复。

（3）对行政机关违法要求导游人员履行义务。

（4）对旅游行政机关侵犯导游人员人身权、财产权的具体行政行为。

（四）其他权利

《旅游法》第三十八条规定：旅行社应当与其聘用的导游依法订立劳动合同，支付劳动报酬，缴纳社会保险费用。旅行社临时聘用导游为旅游者提供服务的，应当全额向导游支付在包价旅游合同中载明的导游服务费用。旅行社安排导游为团队旅游提供服务的，不得要求导游垫付或者向导游收取任何费用。

导游人员的其他权利，还包括导游人员为更好地履行职务职责而应当享有的参加培训和获得晋级的权利。

二、导游人员的职责与义务

（一）导游人员的职责

1. 提高自身业务素质和职业技能

导游人员自身业务素质的高低、职业技能的优劣，直接关系导游服务的质量，影响能否为旅游者提供优良的导游服务。可以说，导游人员的业务素质及导游职业技能，直接影响一个地区甚至一个国家旅游业的发展。因此，提高自身业务素质和职业技能对导游人员来说是至关重要的。

2. 维护国家利益和民族尊严

导游人员进行导游活动时，应当自觉维护国家利益和民族尊严，不得有损害国家利益和民族尊严的言行。热爱祖国、拥护社会主义制度、维护国家利益和民族尊严，不得有损害国家利益和民族尊严的言行，是导游人员必须具备的政治条件和业务要求。为此，导游人员在进行导游活动时，应当自觉履行该项义务。

3. 依约提供服务和讲解

导游人员在执业过程中应按照旅游合同提供导游服务，讲解自然和人文资源知识、风俗习惯、宗教禁忌、法律法规和有关注意事项。

包价旅游合同包含旅游行程安排，交通、住宿、餐饮等旅游服务安排和标准，游览、娱乐等项目的具体内容和时间，自由活动时间安排等内容，导游人员在执业过程中应当严格按照合同规定和旅行社确定的接待计划提供服务，安排旅游者的旅行、游览活动，不得擅自更改行程计划，不得诱导、欺骗、强迫或者变相强迫旅游者消费。

4. 尊重旅游者的权利

旅游者的权利包含自主选择权、知情权、获得诚信服务权、被尊重权、遭遇危险与损害时要求救助和赔偿的权利等。其中，人格尊严、民族风俗习惯、宗教信仰应当得到尊重，是旅游者基本权利的重要体现，也与导游服务密切相关。导游人员进行导游活动时，应当遵守职业道德，着装整洁，礼貌待人，尊重旅游者的人格尊严、宗教信仰、民族风俗和生活习惯。

5. 引导文明旅游

导游人员、领队人员应当向旅游者告知和解释旅游文明行为规范，引导旅游者健康、文明旅游，劝阻旅游者违反社会公德的行为。导游人员、领队人员在执业活动中，应当率先垂范遵守文明旅游行为，告知旅游者《中国公民国内旅游文明行为公约》和《中国公民出国（境）旅游文明行为指南》等所明确的旅游文明行为规范。

6. 警示、处置风险及突发事件

导游人员在引导旅游者旅行、游览过程中，应当就可能发生危及旅游者人身、财物安全的情况，向旅游者作出真实说明和明确警示，并按照旅行社的要求采取防止危害发生的措施。导游应当严格遵守旅游突发事件报告制度、突发事件应急处置措施进行处理。

旅游项目中如含有危险因素，导游应事先将危险程度和安全防护措施向旅游者交代清楚，对于参加危险活动的旅游者要特别注意保护。说明和警示要真实、准确、通俗易懂，不致发生歧义。

旅游突发事件发生后，导游应当立即采取必要措施，包括：①向本单位负责人报告，情况紧急或者发生重大、特别重大旅游突发事件时，可以直接向发生地、旅行社所在地县级以上旅游主管部门、安全生产监督管理部门和负有安全生产监督管理职责的其他相关部门报告；②救助或者协助救助受困旅游者；③根据旅行社、旅游主管部门及有关机构的要求，采取调整或者中止行程、停止带团前往风险区域、撤离风险区域等避险措施。

阅读案例

冻伤事故由谁负责

某旅行社组织了一个赴长白山旅游团，委派导游黄某作为全程导游随团服务。在此旅游团将要攀越天池的前一天晚上，该团一些团员询问黄某，上天池是否要多添衣服，以免天气变化。黄某根据其多次在这个季节上天池的经验，回答游客不必多添衣服，以便轻装上山。翌日，该团游客在黄某及地陪的引导下上了天池，不料，天气突然变化，天降大雪，气候骤然下降，黄某急忙引导该团下山，但由于该团有些客人未带衣帽围巾等御寒之物，致使不少人耳、鼻及手脚严重冻伤，其中4人经医院诊断为重度冻伤。为此，该团游客投诉导游黄某，要求黄某承担医治冻伤等费用，并赔偿因此造成的损失。黄某所属的旅行社接到此投诉后，认为此次冻伤事故是黄某工作失误所致，责令其自行处理游客投诉，旅行社不承担任何责任；黄某则认为此起冻伤事故是由于天气突然变化所致，是意料之外的事情，与其无关，不应由其承担法律责任。

本案当中旅行社的说法不正确。依据《导游人员管理条例》，导游人员是受旅行社委派，为旅游者提供向导、讲解及相关旅游服务的人员。黄某既然是受旅行社的委派，那么旅行社就要对其工作人员承担责任。导游黄某的说法也不正确。依据《导游人员管理条例》的规定，导游人员在引导旅游者旅行、游览过程中，应当就可能发生危及旅游者人身、财物安全的情况，向旅游者作出真实说明和明确警示，并按照旅行社的要求采取防止危害发生的措施。黄某作为此条线路多次带团的导游，应当预见到长白山气候多变，提醒游客多添衣服，但黄某没有让旅客多添衣服，造成冻伤事故，所以，黄某认为冻伤事故与其工作无关的说法不正确。

（二）导游人员的义务

1. 提供导游服务应当接受委派

导游人员为旅游者提供服务必须接受旅行社委派，不得私自承揽导游和领队业务。只有接受旅行社的委派从事导游活动的人，其合法从业权才能受到法律保护，私自承揽导游业务进行导游活动的行为将受到法律的追究。

2. 携带、佩戴有效执业证件

导游人员和领队人员从事业务活动，应当佩戴导游证。导游人员在执业过程中应当携带电子导游证、佩戴导游身份标识，并开启导游执业相关应用软件，以醒目、直观地向旅游者证明其具有合法资格，便于旅游者、旅游经营者和旅游主管部门识别和监管。

3. 不安排违反法律和社会公德的旅游活动

旅行社及其从业人员组织、接待旅游者，不得安排参观或者参与涉及色情、赌博、毒品等违反我国法律、法规和社会公德的项目或者活动。

旅行社不得安排的活动包括：含有损害国家利益和民族尊严内容的；含有民族、种族、宗教歧视内容的；含有淫秽、赌博、涉毒内容的；其他含有违反法律、法规规定内容的行为。

4. 严格执行旅游行程安排

导游人员应当严格执行旅游行程安排，不得擅自变更旅游行程或者中止服务活动。但导游人员在引导旅游者旅行、游览过程中，遇有可能危及旅游者人身安全的紧急情形时，经征得多数旅游者的同意，可以调整或者变更接待计划，并应立即报告旅行社。

5. 不兜售物品及索要小费

导游人员不得向旅游者兜售物品或者购买旅游者的物品，不得向旅游者索要小费。

6. 不诱导、欺骗、强迫或变相强迫消费

导游人员不得诱导、欺骗、强迫或者变相强迫旅游者购物或者参加另行付费旅游项目。诱导也是采用引诱和引导方式的一种欺骗；胁迫是指以给旅游者及其亲友的生命健康、名誉、荣誉、财产等造成损害为要挟，迫使旅游者作出违背真实消费意思表示的行为；欺骗是指故意告知旅游者虚假的情况，或者隐瞒真实情况，诱使旅游者作出错误消费意思表示的行为。诱导、欺骗、胁迫旅游者消费，是严重侵犯旅游者合法权益的行为，理应为法律、法规所禁止。

7. 法律法规规定的其他义务

导游除了要遵守以上义务，还应遵守按期报告信息变更情况、申请变更导游证信息、申请更换导游身份标识、依规参加培训、提供真实材料及信息等法律法规规定的其他义务。

三、导游人员的法律责任

（一）有损害国家利益和民族尊严的言行的法律责任

《导游人员管理条例》第二十条规定，导游人员进行导游活动时，有损害国家利益和民

族尊严的言行的，由旅游主管部门责令改正；情节严重的，由省、自治区、直辖市人民政府旅游主管部门吊销导游证并予以公告；对该导游人员所在旅行社予以警告直至责令停业整顿。

（二）擅自增加或者减少旅游项目的、擅自变更接待计划的、擅自中止导游活动的法律责任

《导游人员管理条例》第二十二条规定，导游擅自增加或者减少旅游项目的、擅自变更接待计划的、擅自中止导游活动的，由旅游行政部门责令改正，暂扣导游证3~6个月；情节严重的，由省、自治区、直辖市人民政府旅游行政部门吊销导游证并予以公告。

（三）突发事件发生后未采取必要处置措施的法律责任

《导游管理办法》第三十三条规定，突发事件发生后导游人员未采取必要处置措施的，由县级以上旅游主管部门责令改正，并可以处1 000元以下罚款；情节严重的，可以处1 000元以上5 000元以下罚款。

（四）违反规定私自承揽业务的法律责任

《旅游法》第一百零二条第二款规定，导游、领队违反规定，私自承揽业务的，由旅游主管部门责令改正，没收违法所得，处1 000元以上1万元以下罚款，并暂扣或者吊销导游证。

（五）进行导游活动时未佩戴导游证的法律责任

《导游人员管理条例》第二十一条规定，导游人员进行导游活动时未佩戴导游证的，由旅游行政部门责令改正；拒不改正的，处500元以下的罚款。

（六）违反规定索要小费及兜售物品的法律责任

《旅游法》第一百零二条规定，导游人员向旅游者索要小费的，由旅游主管部门责令退还，处1 000元以上1万元以下罚款，情节严重的，并暂扣或者吊销导游证。

《导游人员管理条例》第二十三条规定，导游人员向旅游者兜售物品或购买旅游者的物品，或者以明示或者暗示的方式向旅游者索要小费的，由旅游主管部门责令改正，处1 000元以上3万元以下罚款；有违法所得的，并处没收违法所得；情节严重的，由省、自治区、直辖市人民政府旅游主管部门吊销导游证并予以公告；对委派该导游的旅行社予以警告，直至责令停业整顿；构成犯罪的，依法追究刑事责任。

（七）诱导、欺骗、强迫或变相强迫消费的法律责任

《旅游法》第九十八条规定，由旅游主管部门对直接负责的主管人员和其他直接责任人员，没收违法所得，处2 000元以上2万元以下罚款，并暂扣或者吊销导游证。

任务二　熟悉导游人员的权利义务与法律责任

《导游人员管理条例》第二十四条规定，导游人员进行导游活动，欺骗、胁迫旅游者消费或者与经营者串通欺骗、胁迫旅游者消费的，由旅游主管部门责令改正，处1 000元以上3万元以下的罚款；有违法所得的，并处没收违法所得；情节严重的，由省、自治区、直辖市人民政府旅游主管部门吊销导游证并予以公告；对委派该导游的旅行社予以警告，直至责令停业整顿；构成犯罪的，依法追究其刑事责任。

知识考查

1. ＿＿＿＿＿＿是民事主体具有法律上人权利益必须享有的民事权利。

2. 如果导游人员对行政部门所给予的行政处罚不服，依照《行政复议法》的规定，有权向作出这一处罚的行政管理部门的＿＿＿＿＿＿申请复议。

3. 简述导游人员的权利。

4. 简述导游人员的职责。

5. 简述导游人员的义务。

项目三 导游人员管理法规制度

任务三 了解导游人员管理制度

任务目标

1. 了解导游人员资格考试的报考条件和考试内容；
2. 了解导游证的申领条件、不予核发的情形，熟悉电子导游证的核发程序；
3. 了解导游人员等级考核制度的主要内容。

任务描述

杨欣和赵洋一边实习一边准备参加导游人员资格考试，指导老师纪文娟是一位有着多年带团经验的资深导游，她告诉杨欣和赵洋："仅仅是通过导游人员资格考试是远远不够的。"

思考：

同学们，你们知道怎样才能成为导游人员呢？

相关知识

一、导游人员资格考试制度

国家实行全国统一的导游人员资格考试制度。欲从事导游职业者申请并按照规定的程序参加全国统一的导游人员资格考试，考试合格并经国务院旅游主管部门审核批准，方可取得从业资格的管理制度。

（一）导游人员资格考试的报考条件

具有以下条件的人员可以参加导游人员资格考试。

（1）必须是中华人民共和国公民。
（2）必须具有高级中学、中等专业学校或以上学历。
（3）必须身体健康。
（4）必须具有适应导游需要的基本知识和语言表达能力。

(二) 导游人员资格考试的考试内容

1. 笔试

（1）旅游方针政策与法规及每年的时事政治。

（2）导游业务（含旅游案例分析）。

（3）全国导游基础知识和地方导游基础知识。

（4）汉语言文学基础（四川与湖南的考生须考）。

（5）导游外语（外语类考生须考，汉语类考生不用考）。

2. 现场考试

（1）导游讲解能力。

（2）导游规范服务能力。

（3）导游特殊问题处理及应变能力。

外语类考生须用所报考语种的语言进行"导游服务能力"一科考试，并加试口译（中译外和外译中）。

(三) 导游人员资格证书的颁发

经导游人员资格考试合格的人员，方可取得导游人员资格证书。

二、导游执业许可制度

导游证是国家准许从事导游工作的证件，也是导游人员执业的必备条件。

导游执业许可制度

(一) 导游证的申领条件

1. 取得导游人员资格证书

通过全国导游人员资格考试后，考生可以从省级以上旅游行政管理部门领取导游人员资格证书，这是申领导游证书的先决条件。

2. 与旅行社订立劳动合同或在导游服务公司登记

与旅行社签订劳动合同的人员，是指专职导游人员，是旅行社的雇员，即旅行社的正式员工。导游服务公司是指从事导游人员业务管理、培训，并为旅行社和导游人员提供供需信息等服务的企业，在导游人员和旅行社之间起桥梁作用。

(二) 不予颁发导游证的情形

《导游人员管理条例》第六条规定：省、自治区、直辖市人民政府旅游行政部门应当自收到申请领取导游证之日起 15 日内，颁发导游证；发现有本条例第五条规定情形，不予颁发导游证的，应当书面通知申请人。

1. 无民事行为能力或者限制民事行为能力

我国法律根据公民的年龄、智力和精神健康状态将公民的民事行为能力分为以下三种。

完全民事行为能力：法律规定 18 周岁以上的公民是具有完全民事行为能力、可以独立进行民事活动的人；16 周岁以上不满 18 周岁的公民，以自己的劳动收入为主要生活来源的，视为完全民事行为能力人。

限制民事行为能力：具体指 10 周岁以上不满 18 周岁的未成年人；不能完全辨认自己行为的精神病人。

无民事行为能力：具体指不满 10 周岁的未成年人；不能辨认和控制自己行为结果的精神病人。

执业的导游人员要行使法定权利，承担法定义务，为旅游者提供向导、讲解及相关旅游服务，无民事行为能力、限制民事行为能力的人员，是无法履行导游人员职务的。

2. 患有传染性疾病的

旅游行政管理部门不得向患有传染性疾病的申请人颁发导游证，这是由导游这一职业的性质决定的。导游人员在旅游活动中与旅游者朝夕相处，接触密切，若患有传染性疾病，就可能将其患有的疾病传染给旅游者，造成交叉感染。

3. 受过刑事处罚的（过失犯罪的除外）

受过刑事处罚的人，是指因其行为触犯了国家刑律依法应受到刑罚制裁的人员。《中华人民共和国刑法》（以下简称《刑法》）规定，犯罪分为故意犯罪和过失犯罪。明知自己的行为会发生危害社会的结果，并且希望或者放任这种结果发生，因而构成犯罪的，是故意犯罪；应当预见自己的行为可能发生危害社会的结果，因为疏忽大意而没有预见，或者已经预见而轻信能够避免，以致发生这种结果的是过失犯罪。由此可见，与故意犯罪相比，过失犯罪人在主观恶意性、社会危害性上都有本质的区别，虽然也受到过刑事处罚，但仍然可以申请领取导游证，旅游行政管理部门也可以对其颁发导游证。

4. 被吊销导游证之日起未逾三年的

根据《导游人员管理条例》的规定，曾经取得导游证的人员，因严重违反有关导游人员管理法规，被旅游行政管理部门处以吊销导游证的处罚，即使重新通过了导游资格考试，但曾经的不良记录已经表明其不再适合担任导游人员工作，因而不能再次取得导游证。《旅游法》第一百零三条规定："违反本法规定被吊销导游证、领队证的导游、领队和受到吊销旅行社业务经营许可证处罚的旅行社的有关管理人员，自处罚之日起未逾三年的，不得重新申请导游证、领队证或者从事旅行社业务。"

（三）导游证的核发

1. 电子导游证

导游证采用电子证件形式，由国务院旅游主管部门制定格式标准，由各级旅游主管部门通过全国旅游监管服务信息系统实施管理。电子导游证以电子数据形式保存于导游人员个人移动电话等移动终端设备中。

导游在执业过程中应当携带电子导游证、佩戴导游身份标识，并开启导游执业相关应用软件。其中，导游身份标识，是指标识有导游姓名、证件号码等导游基本信息，以便旅游者和执法人员识别身份的工作标牌，具体标准也由国务院旅游主管部门制定。

2. 核发程序

申请取得导游证，申请人应当通过全国旅游监管服务信息系统填写申请信息，并提交规定的材料。提交申请材料包括：身份证的扫描件或者数码照片等电子版；未患有传染性疾病的承诺；无过失犯罪以外的犯罪记录的承诺；与经常执业地区的旅行社订立劳动合同或者在经常执业地区的旅游行业组织注册的确认信息。

申请电子导游证者，可下载"全国导游之家"App 申领电子导游证，也可登录网站"全国旅游监管服务平台"，进入"导游入口"在线申领电子导游证，旅游主管部门审核完毕后，导游人员可在 App 上获取电子导游证。

所在地旅行社或者旅游行业组织应当自申请人提交申请之日起 5 个工作日内确认劳动合同或注册信息。所在地旅游主管部门应当自受理申请之日起 10 个工作日内，作出准予核发或者不予核发导游证的决定，并依法出具受理或者不予受理的书面凭证。需补正相关材料的，应当自收到申请材料之日起 5 个工作日内一次性告知申请人需要补正的全部内容；逾期不告知的，收到材料之日起即为受理。

三、导游人员等级考核制度

（一）导游人员的系列、等级划分

导游人员的等级分为两个系列、四个等级。两个系列是指等级考核分为外语导游人员系列和中文导游人员系列；四个等级则指通过考核，将导游人员划分为特级、高级、中级和初级四个级别的导游人员。导游人员申报等级时，由低到高，逐级递升，经考核评定合格者，颁发相应的导游人员等级证书。

项目三　导游人员管理法规制度

（二）导游人员等级评定

（1）特级导游人员。采取以评审考核为主，以考试为辅的方式。评审采用论文答辩、跟团实查和专家审议三种形式；考核工作表现、导游技能、遵纪守法和游客反映；考试第二外语或一种方言。评定工作不定期进行。工作步骤为省（自治区、直辖市）旅游主管部门初评，国务院旅游主管部门评定。

（2）高级导游人员。采用考试、考核和评审相结合的方式。考试科目为导游词创作和口译（中文导游人员不考）两科。考核、评定方式和工作步骤与特级导游人员相同。对高级导游人员的评定每三年进行一次。

（3）中级导游人员。采用考试和考核相结合的方式。考试科目为导游专业知识（含政策与法规、导游基础知识、汉语言文学知识三部分内容）、现场导游两科。考核方式与高级导游人员相同。中级导游人员的评定每两年组织一次。

（4）初级导游人员。采取考核方式。凡取得导游资格证书后工作满一年，经考核合格者，即可成为初级导游人员。

知识考查

1. 欲从事导游职业者申请并按照规定的程序参加全国统一的_____，考试合格并经国务院旅游主管部门审核批准，方可取得从业资格的管理制度。

2. 导游证采用_____形式，由国务院旅游主管部门制定格式标准，由各级旅游主管部门通过全国旅游监管服务信息系统实施管理。

3. 简述导游人员资格考试的报考条件。
_____
_____
_____

4. 简述不予办理导游证的四种情形。
_____
_____
_____
_____

5. 申请电子导游证需要提交的材料有哪些？
_____
_____
_____
_____

课外实践

通过查阅有关资料，分析目前导游职业活动当中存在的主要问题，结合自己的职业生涯规划尝试提出相应的解决对策。

项目总结

　　导游人员是指依照条例规定取得导游证，接受旅行社委派，为旅游者提供向导、讲解及相关旅游服务的人员。导游人员由于业务范围、业务内容的不同，服务对象和使用语言各异，其业务性质和服务方式也不尽相同，可以有不同的分类。

　　导游人员的权利主要是指导游人员依法享有的权利，它表现为权利享有者可以自己作出一定的行为，也可以要求他人作出或不作出一定的行为。导游人员的义务是指导游人员必须依法履行的责任，包括必须作出的行为和不得作出的行为。

　　国家实行全国统一的导游人员资格考试制度。欲从事导游职业者申请并按照规定的程序参加全国统一的导游人员资格考试，考试合格并经国务院旅游主管部门审核批准，方可取得从业资格的管理制度。

　　导游证是国家准许从事导游工作的证件，也是导游人员执业的必备条件。有下列情形之一的，不得颁发导游证：无民事行为能力或者限制民事行为能力的；患有传染性疾病的；受过刑事处罚的，过失犯罪的除外；被吊销导游证未逾三年的。

　　导游在执业过程中应当携带电子导游证、佩戴导游身份标识，并开启导游执业相关应用软件。

　　通过本项目的学习与实训，写下你的收获。

自我小结：

_____
_____
_____
_____
_____

教师评价：

_____
_____
_____
_____

项目四

旅游服务合同法律制度

项目引言

旅游业是一项综合性的经济事业，旅游活动的主体众多，内容广泛，旅游者、旅行社、饭店、旅游购物商店及旅游景点、景区相互之间，食、住、行、游、购、娱诸方面都存在着纷繁复杂的权利、义务关系，这些关系都需要合同法来制约和调节。因此，旅游从业人员学习和掌握一定的合同法律知识，对于维护和尊重旅游者的合法权益，维护正常的旅游活动秩序，是十分必要的。

随着旅游法制建设的不断完善，《旅游法》《旅行社条例》等法律、行政法规对旅游合同作出了更有针对性的规定，能够更有效地保护旅游合同双方当事人的合法权益。旅游服务合同应当优先适用《旅游法》的规定，《旅游法》没有规定或规定不明确的，适用《中华人民共和国民法典》(以下简称《民法典》)的规定。

项目导航

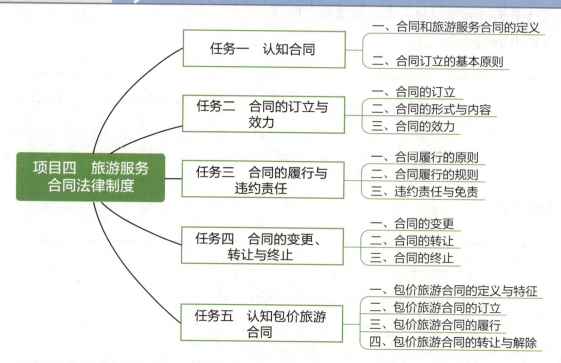

任务一 认知合同

> **案例导入**
>
> 王某于2018年"十一"前参加某旅行社组织的"台湾八日游"旅行团,并向其支付了4 099元旅游费。该旅游团为独家包机、全程三飞团。
>
> 旅游团原计划于2018年9月28日下午4时从皇岗口岸集中前往香港机场,但在当天下午,旅行社声称因台风原因,原本香港飞台中的航班取消,改为9月29日上午的另一航班,同时通知王某于9月29日上午7时从皇岗口岸集中前往香港机场。
>
> 9月29日上午,领队将王某带到香港机场后,告知王某航班因天气原因取消,但据王某了解到该航班并未取消,只是旅行社并未预定好该航班的机位。之后旅行社称可以安排当晚的其他航班前往台湾,后王某得知该旅行社为其安排的9月28日航班并非包机,而且旅行社的做法让他一直处于候补机位的不确定状态。最后,旅行社在未能安排航班的情况下将发给王某的登机牌借故收回,并于9月30日凌晨将包括王某在内的同团人员送回皇岗口岸。
>
> 事后,王某和其他团员要求旅行社退还已交纳的旅游费并予以三倍赔偿,但旅行社仅同意退还旅游费。王某将旅行社起诉至法院,请求判令旅行社支付其三倍旅游费并承担全部诉讼费用。
>
> 思考:
> 王某的诉讼主张能否得到法院的支持?请说明理由。

任务一 认知合同

🍁 任务目标

1. 了解合同的定义,了解旅游服务合同的定义与分类;
2. 理解合同法的基本原则。

🍁 相关知识

一、合同和旅游服务合同的定义

(一)合同的定义

合同又称"契约",依据《民法典》第四百六十四条的规定,合同是民事主体之间设立、

合同概述

变更、终止民事法律关系的协议。

（二）旅游服务合同的定义与分类

1. 旅游服务合同的定义

旅游活动的内容十分丰富，通常包括吃、住、行、游、购、娱六大要素。旅游者在旅游活动中，必然要和他人达成关于吃、住、行、游、购、娱等内容的协议。这种协议可能形式极其简单，可能是以口头形式达成，也可能是以书面形式达成，但不管是以何种形式，合同无疑普遍存在于整个旅游活动过程中。

广义的旅游服务合同是指旅游者与旅游经营者之间设立、变更、终止民事权利义务关系的协议。

狭义的旅游服务合同是指旅游者与旅行业者之间签订的合同，即旅游者和提供旅游服务方之间订立的明确双方在特定的旅游活动中权利义务关系的协议。通常所说的旅游服务合同就是指狭义上的合同，即旅游者与旅行社之间签订的合同。《旅游法》第五十七条规定，旅行社组织和安排旅游活动，应当与旅游者订立合同。

2. 旅游服务合同的类型

《旅游法》规定的旅游服务合同主要是指包价旅游合同、旅游代订合同和旅游设计、咨询合同等。

> **拓展阅读**
>
> **旅游服务合同的类型**
>
> 包价旅游合同，是指旅行社预先安排行程，提供或者通过履行辅助人提供交通、住宿、游览、导游或领队等两项以上旅游服务，旅游者以总价支付旅游费用的合同。
>
> 旅游代办合同，又称旅游代订合同，是指旅行社接受旅游者的委托，为其代订交通、住宿、餐饮、游览、娱乐等旅游服务，旅游者支付代办费用的合同。
>
> 住宿服务合同，是指旅行社根据包价旅游合同与住宿经营者签订的关于旅游团队住宿饭店，接受住宿服务的合同。

二、合同订立的基本原则

合同订立的基本原则主要包括以下几个方面。

（一）平等原则

平等原则是指在合同法律关系中，当事人之间在合同的订立、履行和承担违约责任等方面都处于平等的法律地位。

在旅游合同法律关系中，旅游者与旅游经营者相互之间是平等的民事主体，不存在高低贵贱之分，受法律的平等保护。任何一方不得无偿占有另一方的财产或侵犯他人权益。

（二）自愿原则

自愿原则的基本含义是：当事人有是否订立和与谁订立合同的自由，任何人、任何组织不得强迫对方与之签订合同；在不违反法律规定的前提下，当事人对合同的内容、形式、合同的履行等均应遵循自愿原则，任何组织和个人都不得非法干预。

（三）公平原则

公平原则的具体含义包括：①订立合同时的公平。根据公平原则确定各方的权利和义务，并合理分配相互的风险和责任。任何一方不得滥用权力，侵害他人合法权益，权利义务要大体平衡；显失公平的合同可以撤销。②处理合同纠纷时的公平。处理合同纠纷时，既要切实保护守约方的合法利益，也不能使违约方因为较小的过失承担过重的责任。

公平原则是一项法律适用的原则，体现了社会公德和商业道德的要求。在法律没有规定或合同没有规定时，可以运用公平原则来确定当事人的权利义务。

（四）诚实信用原则

诚实信用原则要求当事人在合同订立、履行及终止整个合同活动中应讲诚实讲信用，相互协作，以善意的方式履行自己的义务，不得规避法律和合同义务。

诚实信用原则的确立，有利于保护合同当事人的合法权益，促使当事人更好地履行合同义务。

（五）遵守法律和维护道德原则

遵守法律和维护道德原则是对合同自愿原则的限制和补充，是一项合同有效的前提。也就是说，合同自愿只有在遵守法律法规、尊重社会公德的前提下才能得以实现，不得扰乱社会经济秩序，损害社会公共利益。它保证了交易在遵守公共秩序和善良风俗的前提下进行，使市场经济有健康、正常的道德秩序和法律秩序。

（六）对当事人具有法律约束力原则

合同一旦依法成立，即对当事人产生约束力。合同当事人应当严格按照合同要求履行合同义务，非依法律规定或者经当事人同意，不得随意变更或撤销合同。依法成立的合同受国家法律保护，同样，当事人依法成立的合同约定行使权力、履行义务的行为，任何单位和个人不得非法干涉。

项目四　旅游服务合同法律制度

 知识考查

1. 合同是民事主体之间设立、_____、终止民事法律关系的协议。

2. 旅游服务合同是指旅游者与旅行业者之间签订的合同，即旅游者和提供旅游服务方之间订立的明确双方在特定的旅游活动中_____的协议。

3. _____是指在合同法律关系中，当事人之间在合同的订立、履行和承担违约责任等方面都处于平等的法律地位。

4. 当事人行使权利、履行义务应遵循_____。

5. 简述合同订立自愿原则的基本含义。
_____
_____
_____
_____
_____

6. 简述合同订立公平原则的基本含义。
_____
_____
_____
_____
_____
_____

任务二　合同的订立与效力

 任务目标

1. 掌握合同订立的主体与程序；
2. 了解合同的形式和主要内容；
3. 理解合同的效力。

任务描述

陈静和朱华在看新闻。

阳春三月，万物复苏，一批关系国计民生的法律法规也将从2020年3月日起施行：

《刑法修正案（十一）》涉及低龄未成年人犯罪、疫情防控、金融市场乱象等社会热点。

《中小学教育惩戒规则（试行）》规定，在确有必要的情况下，学校、教师可以在学生存在不服从、扰乱秩序、行为失范、具有危险性、侵犯权益等情形时实施教育惩戒。

《中华人民共和国长江保护法》规定，长江流域经济社会发展，应当坚持生态优先、绿色发展，共抓大保护、不搞大开发；长江保护应当坚持统筹协调、科学规划、创新驱动、系统治理。

……

陈静问朱华："这些法律法规有的叫法，有的叫修正案，有的叫规则，为什么会有这样的区别？它们的地位是怎样的？"

思考：

同学们，你们能回答陈静的问题吗？

相关知识

一、合同的订立

（一）合同订立的主体

法人、自然人或者其他组织可以成为合同主体，但是必须具备合同主体的资格。当事人订立合同，应当具有相应的民事权利能力和民事行为能力。当事人可以依法委托代理人订立合同。

1. 法人

法人是具有民事权利能力和民事行为能力、依法独立享有民事权利和民事义务的组织。按照功能、设立方法及财产来源的不同，法人可以分为企业法人、机关法人、事业单位法人和社会团体法人。

2. 自然人

自然人（公民）是依自然规律出生而取得民事主体资格的人。自然人依法享有民事权利、承担民事义务。以年龄、智力和精神状态为条件，自然人的民事行为能力可分为完全民事行为能力人、无民事行为能力人和限制民事行为能力人三类。

3. 其他组织

其他组织是指不具有法人资格，但可以自己的名义进行民事活动的组织。如合伙企业、个人独资企业、个体工商户、农村承包经营户等。

> **阅读案例**
>
> **旅行社应该退款吗**
>
> 刘某今年13岁，暑假开始后，感觉总是待在家里没意思。有一天他路过某旅行社，看到里面挂了许多风光照片，感觉很好奇，于是走了进去，一位旅行社工作人员热情地接待了他，向他介绍旅行社的旅游线路，其中一条线路既可以漂流，又可以爬山，还有各种刺激的游戏，刘某动心了，很快交了4 800元，并在合同上签了字。刘某父母知道后，认为合同无效，要求旅行社退款。
>
> 刘某是限制民事行为能力人，只能进行与他的年龄、智力相适应的民事活动，参加这样一条复杂的、涉及大量金钱的旅游线路，不应该由他独自决定。事实上，旅行社也不应该让他独自参加这一项具有一定危险性的旅游活动。

（二）合同订立的程序

当事人订立合同，可以采取要约、承诺方式或者其他方式。当事人订立合同要经过要约、承诺这一过程。

1. 要约

要约是希望与他人订立合同的意思表示。任何一种旅游合同的订立，首先都要有一方提出订立合同的意思表示，提出要约的人称为要约人，接受要约的人称为受要约人。

要约必须同时具备以下几个要素：第一，要约是以订立合同为目的的意思表示；第二，要约的内容具体明确，包含合同得以成立所必需的各项条款。第三，要约一经受要约人承诺，要约人即受该意思表示约束。例如，旅行社为招徕旅游者，向某公司发出一份线路宣传品。如果这份旅游线路宣传品中包含旅游行程（包括乘坐交通工具、游览景点、住宿标准、餐饮标准等）安排、旅游价格、违约责任等，则应视为要约。如果某公司接受该要约，双方即可达成订立合同的合意，而旅行社就要受该要约的约束。

要约对要约人和受要约人具有法律约束力。要约一经受要约人承诺便产生法律效力，要约人即受要约的约束。要约人不得撤回要约，不能对要约的内容进行限制、变更或者扩张。

拓展阅读

要约邀请

要约邀请是当事人订立合同的预备行为，只是引诱他人发出要约，不能因相对人的承诺而成立合同，如寄送的价目表、拍卖公告、招标公告、招股说明书、商业广告等为要约邀请。但商品广告的内容符合要约规定的，则视为要约。因为要约邀请只是作出希望别人向自己发出要约的意思表示。因此，要约邀请可以向不特定的任何人发出，也不需要在要约邀请中详细表示，无论对于发出邀请人还是接受邀请人，都没有约束力。

2. 承诺

承诺是受要约人同意要约的意思表示。承诺一旦生效，合同即成立。

承诺是针对要约的回应，一项有效的承诺必须符合以下条件：第一，承诺必须由受要约人向要约人作出；第二，承诺必须是对要约明确表示同意的意思表示；第三，承诺必须在要约有效的期限内作出；第四，承诺的内容必须与要约的内容一致。

承诺应以明示的方式作出。明示的方式是指受要约人的语言、文字或者其他直接表达意思的方式作出表示同意要约这一内在意思的形式。但是根据《民法典》的规定，可以按交易惯例或者要约所要求的方式进行承诺。例如，甲、乙旅行社在以往的业务合作中，已形成惯例，一方发出要约，另一方在规定时间内，无不承诺表示，则视为承诺。因而甲旅行社按此惯例，向乙旅行社发出了在某日以某价格发团的要约，乙旅行社未作意思表示，则应当认定乙旅行社已经承诺。又如，甲旅行社发出希望从乙旅行社以某价格接团的要约，并表明乙旅行社同意即可发团，团到付款。这样，受要约的乙旅行社不必再发出承诺，可以直接发团。

二、合同的形式与内容

（一）合同的形式

合同的形式，是指表现当事人之间订立合同的方式，是当事人采用某种形式来表现所订立合同的内容。合同的形式体现合同的内容，合同的内容通过合同的形式表现出来。合同的形式有书面形式、口头形式和其他形式。

（1）书面形式。书面形式是指合同书、信件和数据电文（包括电报、电传、电子数据交换和电子邮件）等可以有形地表现所载内容的形式。书面形式的最大优点是立据为证，有据可查，比较容易举证，保证交易安全，防止欺诈行为。法律、行政法规规定采用书面形式的，应当采用书面形式。

（2）口头形式。口头形式是指合同当事人以直接的语言交流方式为意思表示并订立合同的形式，如当面交谈、电话联系等。口头形式可以快捷高效地达成协议，但是在发生争议之后，当事人对事实的真相难以提供证据予以证明。

（3）其他形式。其他形式是指采用除书面形式、口头形式以外的方式订立合同。

（二）合同的内容

合同的内容是指确定合同当事人各方权利义务关系的合同条款。

1. 合同的一般条款

（1）当事人的名称或者姓名和住所。

（2）标的。标的即合同权利义务指向的对象，可以是有形物（如实物或货币），也可以是无形物（如电力等），还可以是行为（如运输行为、保管行为、旅游服务行为等）。

（3）数量。数量是指以数字方式和计量单位方式对合同标的进行具体的确定，是衡量标的大小、多少、轻重的尺度。例如，旅游合同中游览景点的数目等。

（4）质量。质量是指对标的在标准和技术方面的要求。旅游合同中的质量，是以国家制定的旅行社服务标准、导游服务标准来检验的。

（5）价款或者报酬。价款或报酬是指一方当事人履行义务时，另一方当事人以货币形式支付的代价。

（6）履行期限、地点和方式。履行期限是指当事人履行合同义务的起止时间。履行地点是指债务人履行合同义务和债权人接受履行的地点。履行方式是指当事人采取什么样的方式履行自己在合同中的义务。

（7）违约责任。违约责任是指当事人不履行合同义务或者履行合同义务不符合约定而应当承担的民事责任。当事人承担违约责任的形式，有继续履行、采取补救措施、支付违约金、支付赔偿金等。

（8）解决争议的方法。解决争议的方法是指当事人之间在履行合同的过程中发生争议后，处理、裁决争议的方法。

2. 格式条款

格式条款是指当事人为了重复使用而预先拟定，并在订立合同时未与对方协商的条款。格式条款由一方当事人预先拟定。合同中采用格式条款有两种形式，一种是合同的部分条款采用格式条款，另一种是合同的全部条款都采用格式条款。这类合同又称为格式合同、标准合同或定式合同。在旅游业中，旅行社与旅游者之间一般采用这种合同的形式。

格式条款具有下列条件之一，便属无效条款：①具有《民法典》第一编第六章第三节和《民法典》五百零六条规定的无效情形。②造成对方人身伤害的；因故意或者重大过失造成对方财产损失的。③提供格式条款一方不合理地免除或者减轻其责任、加重对方责任、限制对方主要权利的。④提供格式条款一方排除对方主要权利。

三、合同的效力

合同的效力是指合同在法律上所具有的约束当事人各方乃至第三人的强制力。

（一）合同生效

合同生效是指合同的内容开始发生法律上的效力，合同效力自合同生效时起发生。

合同生效，发生法律效力，必须具备法律所规定的生效要件：

（1）行为人具有相应的民事行为能力。

（2）合同当事人意思表示真实。

（3）合同的内容不违反法律和社会公共利益。

（二）合同无效

合同无效是指合同虽然已经成立，但欠缺生效的要件而自始就不具有法律约束力的合同。

（三）合同效力待定

合同效力待定是指合同虽然已经成立，但合同有效要件欠缺，因此其效力能否发生，尚未确定，只有经过权利人追认，才能生效；权利人在一定期间不予追认，合同归于无效。

效力待定合同的种类及处理有以下三种。

（1）限制民事行为能力人订立的合同。限制民事行为能力人所订立的超出其民事行为能力的合同，必须经过法定代理人事后追认才能生效。

（2）行为人无权代理订立的合同。行为人无代理权订立的合同，对被代理人不发生法律约束力，只有被代理人对合同予以追认，合同才对被代理人发生效力。

（3）无处分权的行为人订立的合同。无处分权人以处分他人财产为内容而订立的合同，如果符合下列条件，该合同有效：①经过权利人的追认；②无处分权的人订立合同后取得处分权。

知识考查

1. 法人是具有_____和_____、依法独立享有民事权利和民事义务的组织。

2. 以_____为条件，自然人的民事行为能力可分为完全民事行为能力人、无民事行为能力人和_____三类。

3. ＿＿＿＿＿就是希望与他人订立合同的意思表示。＿＿＿＿＿是受要约人同意要约的意思表示。

4. 合同的形式有＿＿＿＿＿、＿＿＿＿＿和其他形式。

5. 简述合同一般条款的基本内容。
_____
_____
_____
_____

6. 简述合同生效的法定要件。
_____
_____
_____
_____

任务三　合同的履行与违约责任

任务目标

1. 理解合同履行的原则，了解合同履行的规则；
2. 掌握合同违约责任的承担方式，以及违约责任的免除、减轻和追偿。

相关知识

一、合同履行的原则

（一）全面履行的原则

《民法典》规定："当事人应当按照约定全面履行自己的义务。"根据全面履行的原则，当事人应当按照约定的标的、数量、质量、履行期限、履行地点和履行方式全面履行自己的义务，不得擅自变更或者终止合同的履行。全面履行的原则是判定合同当事人是否全面履行了合同义务以及当事人是否存在违约事实、是否承担违约责任的重要法律准则。

> **拓展阅读**
>
> **全面履行不同于实际履行**
>
> 全面履行不同于实际履行，例如，一个旅游汽车公司把旅游者从 A 地运到 B 地，实现了合同的目的，完成了合同的实际履行。但这种履行行为不一定是全面履行行为，因为将旅游者从 A 地运到 B 地即使结果相同，但还存在运送方式、运送路线、运送期限等的差异。只有这些具体细节都符合合同要求，才叫全面履行。

（二）诚实信用履行原则

作为合同法的基本原则，诚实信用原则也是合同履行过程中当事人应当遵循的原则。《民法典》规定："当事人应当遵循诚实信用原则，根据合同的性质、目的和交易习惯履行通知、协助、保密等义务。"

二、合同履行的规则

《民法典》规定："合同生效后，当事人就质量、价款或者报酬、履行地点等内容没有约定或者约定不明确的，可以协议补充；不能达成补充协议的，按照合同有关条款或者交易习惯确定。"采用上述办法仍然不能明确有关合同内容的，《民法典》作出了进一步的规定，明确了下列情形的履行规则。

（一）质量要求不明确

质量要求不明确的，按照强制性国家标准履行；没有强制性国家标准的，按照推荐性国家标准履行；没有推荐性国家标准的，按照行业标准履行；没有国家标准、行业标准的，按照通常标准或者符合合同目的的特定标准履行。

（二）价款或者报酬不明确

价款或者报酬不明确的，按照订立合同时履行地的市场价格履行；依法应当执行政府定价或者政府指导价的，按照规定履行。

（三）履行地点不明确

履行地点不明确，给付货币的，在接受货币一方所在地履行；交付不动产的，在不动产所在地履行；其他标的，在履行义务一方所在地履行。

项目四　旅游服务合同法律制度

> **阅读案例**
>
> **履行地点约定不明**
>
> 湖南某旅行社推出了港澳游的旅游项目，价格相对较低，吸引了很多旅游者与旅行社签约。临出发前，旅游者被告知，该旅游团从深圳组团，旅游者要自行赶赴深圳参团，去深圳的费用由旅游者自行承担。而这一条在合同中没有约定，旅游者大为不满。
>
> 本案例即属于履行地点约定不明的情况，根据相关法律，履行地点不明确的，在履行义务一方所在地履行，而这是一家湖南的旅行社，履行地自然在湖南省的该旅行社的注册地。

（四）履行期限不明确

履行期限不明确的，债务人可以随时履行，债权人也可以随时要求履行，但应当给对方必要的准备时间。

（五）履行方式不明确

履行方式不明确的，按照有利于实现合同目的的方式履行。

（六）履行费用的负担不明确

履行费用的负担不明确的，由履行义务一方负担；因债权人原因增加的履行费用，由债权人负担。

三、违约责任与免责

违约责任，是指合同当事人违反合同义务所应承担的法律责任。合同生效以后，将在当事人之间产生法律约束力，当事人应当按照合同约定，全面、严格地履行合同义务，任何一方当事人违反有效合同所规定的义务，均应承担违约责任。

《民法典》第五百七十七条规定："当事人一方不履行合同义务或者履行合同义务不符合约定的，应当承担继续履行、采取补救措施或者赔偿损失等违约责任。"此规定的违约责任不要求证明行为人在主观上是否存在过错，只要行为人没有履行合同或者履行合同不符合约定，就应当承担违约责任。由此可见，《民法典》对违约责任的归责原则规定的是严格责任原则。

（一）违约责任的一般构成要件

1. 违约行为

违约行为，即当事人不履行旅游合同的行为，包括不完全履行合同的行为。

2. 损害事实

损害事实是指当事人违约给对方造成了财产上的损害和其他不利的后果。

3. 违约行为与损害事实之间有直接的因果关系

损害事实的发生是由违约行为所必然造成的。

（二）违约责任的承担方式

1. 继续履行

继续履行是指当事人一方不履行合同或者履行合同义务不符合约定时，另一方当事人可以要求其在合同履行期限届满后继续按照合同所约定的主要条件继续完成合同义务的行为。

2. 采取补救措施

采取补救措施是指违约方采取的除继续履行、支付赔偿金、支付违约金、支付定金方式以外的其他补救措施。补救措施有要求对方承担修理、重换、更作、退货、减少价款或者报酬等形式。

3. 赔偿损失

赔偿损失是指违约方因不履行或者不完全履行合同义务给对方造成损失时，依法或者根据合同约定应赔偿对方当事人所受损失的行为。

4. 支付违约金

支付违约金是指一方违约时依照法律规定或合同当事人约定，向对方支付的一定数额的货币。

5. 定金

定金应当以书面约定，即定金应当由合同双方当事人以书面的形式来约定。定金的数额由当事人约定，但不得超过主合同标的额的 20%。

当合同当事人在合同约定中既约定违约金又约定定金时，一旦发生违约，只能适用其中一项条款。

项目四　旅游服务合同法律制度

拓展阅读

定金与订金

定金是指为保证合同的履行，买方预先向卖方交纳一定数额的钱款。合同上标明定金的，依据《民法典》相关规定，当事人既约定违约金，又约定定金的，一方违约时，对方可以选择适用违约金或者定金条款。定金不足以弥补一方违约造成的损失的，对方可以请求赔偿超过定金数额的损失。

对"订金"，目前法律上没有明确规定。订金的效力取决于双方当事人的约定。双方当事人如果没有约定，订金的性质主要是预付款，卖方违约时，应无条件退款；买方违约时，可以与卖方协商解决并要求对方退款。

定金与订金的区别主要表现在：①交付定金的协议是从合同，依约定应交付定金而未交付的，不构成对主合同的违反；而交付订金的协议是主合同的一部分，依约定应交付订金而未交付的，即构成对主合同的违反。②交付和收受订金的当事人一方不履行合同债务时，不发生丧失或者双倍返还预付款的后果，订金仅可作损害赔偿金。③定金的数额在法律规定上有一定限制，《民法典》就规定定金数额不得超过主合同标的额的20%；而订金的数额依当事人之间自由约定，法律一般不作限制。④定金具有担保性质，而订金只是单方行为，不具有担保性质。

定金与订金一字之差，意思大不同，法律意义也不一样。消费者和商家订立合同时应明确是"定金"还是"订金"，在预付款时，要注意看商家开出的票据上是"订金"还是"定金"，如开的是"预付定金"，则应要求其加注"不满意定金全退"字样，以免给双方带来不必要的麻烦和损失。

（三）违约责任的免除、减轻和追偿

1. 违约责任的免除

当事人一方因不可抗力不能履行合同的，根据不可抗力的影响，部分或者全部免除责任，但是法律另有规定的除外。因不可抗力不能履行合同的，应当及时通知对方，以减轻可能给对方造成的损失，并应当在合理期限内提供证明。当事人迟延履行后发生不可抗力的，不免除其违约责任。

2. 扩大损失的防止

当事人一方违约后，对方应当采取适当措施防止损失的扩大；没有采取适当措施致使损失扩大的，不得就扩大的损失要求赔偿。当事人因防止损失扩大而支出的合理费用，由违约方负担。

3. 第三人原因造成违约的责任承担

当事人一方因第三人的原因造成违约的，应当依法向对方承担违约责任。当事人一方和第三人之间的纠纷，依照法律规定或者按照约定处理。

知识考查

1. 我国《民法典》对违约责任的归责原则规定的是_____。
2. 违约责任免除的常见情形有_____和_____。
3. 简述合同的履行规则。

_____
_____
_____
_____
_____

4. 简述我国《民法典》规定的违约责任承担方式。

_____
_____
_____
_____
_____
_____

任务四　合同的变更、转让与终止

任务目标

1. 了解合同变更的法律规定；
2. 了解合同转让的法律规定；
3. 了解合同终止的法律规定。

项目四　旅游服务合同法律制度

相关知识

一、合同的变更

合同的变更，是指合同成立以后，尚未履行完毕之前由合同当事人双方依法对原合同的内容所进行的修改。

从旅游合同签订开始，由于出现各种主客观原因，旅行社和旅游者都可能也可以提出对旅游合同内容的变更，这是法律赋予旅行社和旅游者双方的权利。但旅游合同变更的前提条件是，必须建立在双方当事人协商一致的基础上。不经过双方的协商，任何一方擅自变更合同内容就是违约，必须承担相应的法律责任。

阅读案例

变更游览计划是否合理

某旅行社安排一批旅游者去武夷山旅游，正当旅行社导游要安排旅游者进行九曲溪漂流的时候，突然天降大雨，溪水陡涨，且极有可能会山洪暴发。部分旅游者觉得来一趟武夷山不容易，坚持漂流。导游在征得多数旅游者同意后，果断地取消了漂流项目，并及时向旅行社进行了汇报。导游变更游览计划的行为合理吗？

导游人员在引导旅游者游览过程中，遇有可能危及旅游者人身安全的紧急情形时，征得多数旅游者的同意，可以调整或者变更接待计划并立即报告旅行社。因此，本案例中导游的行为是合理的。

二、合同的转让

合同转让，是指合同当事人依法将合同的全部或者部分权利义务转让给他人的合法行为。

（一）合同权利的转让

债权人转让权利的，应当通知债务人，未经通知，该转让对债务人不发生法律效力。旅游者若因故不能按时出游，可以将其出游的权利转让给他人，只需通知旅行社即可。但在旅游者转让权利的过程中，有可能会增加费用，如旅游团出行所购机票多为"不可退票，不可改签"的特价机票，旅游者无法将此类机票转让给第三人使用，由此带来的损失也只能由债权人承担。

（二）合同义务的转让

债务人将合同的义务全部或者部分转让给第三人的，应当经债权人同意。作为债务人的旅行社经常会通过"转团""拼团"的方式将为旅游者提供相关服务的义务转移到其他旅行社，这一行为必须征得旅游者的同意，否则转让无效，并应承担相应的法律责任。

（三）合同权利和义务的概括转移

合同权利和义务的概括转移是指原合同当事人一方将其合同权利和义务一并转移给第三人，由第三人概括地继受这些权利义务的法律现象。

三、合同的终止

合同的终止，也就是合同权利义务的终止，是指当事人双方终止合同关系，合同确定的当事人之间的权利、义务关系消灭。有下列情形之一的，合同的权利义务终止。

（一）债务已经按照约定履行

债务人已经按照合同约定全部履行，债权人的权利已经全部得到了实现。

（二）合同解除

经过合同当事人协议或由于出现法定事由，合同当事人的权利义务因解除而终止。

1. 约定解除

约定解除是指合同签订后当事人协商一致，可以解除合同。当事人可以约定一方解除合同的条件。解除合同的条件成熟时，解除权人可以解除合同。

2. 法定解除

法定解除是指合同成立后，当事人一方在法定解除条件出现时，通过行使解除权而使合同终止。《民法典》规定了以下几种法定解除合同的情形。

（1）因不可抗力致使不能实现合同目的。

（2）在履行期限届满之前，当事人一方明确表示或以自己的行为表明不履行主要债务。

（3）当事人一方迟延履行主要债务，经催告后在合理期限内仍未履行。

（4）当事人一方迟延履行债务或者有其他违约行为致使不能实现合同目的。

（5）法律规定的其他情形。

（三）债务相互抵消

当事人互负到期债务，只要该债务的标的物种类、品质相同，任何一方都可以将自己的债务与对方的债务抵消。

项目四　旅游服务合同法律制度

（四）债务人依法将标的物提存

由于债权人的原因而无法向其交付合同标的物时，债务人将标的物交给提存机关而使合同权利义务关系终止。

（五）债权人免除债务

根据当事人意思自治原则，债权人可以免除债务人部分或者全部债务。债务一经免除，合同的权利义务即告终止。

（六）债权债务同归于一人

由于债权、债务同归于一人，这时一方当事人既是债权人，又是债务人，自己向自己清偿债务是毫无意义的，因此合同的权利义务终止。

（七）法律规定或者当事人约定终止的其他情形

除法律规定之外，当事人还可以约定合同终止的条件，这一规定也是当事人意思自治原则的体现。

知识考查

1. ＿＿＿＿＿是指合同成立以后，尚未履行完毕之前由合同当事人双方依法对原合同的内容所进行的修改。

2. ＿＿＿＿＿是指合同当事人依法将合同的全部或者部分权利义务转让给他人的合法行为。

3. 债权人转让权利的，应当通知＿＿＿＿＿，未经通知，该转让对＿＿＿＿＿不发生法律效力。

4. 债务人将合同的义务全部或部分转让给第三人的，应当经＿＿＿＿＿同意。

5. 简述《民法典》规定的法定解除合同情形。

＿＿
＿＿
＿＿
＿＿

任务五　认知包价旅游合同

任务目标

1. 了解包价旅游合同的含义与特征；
2. 掌握包价旅游合同的形式、内容及旅行社的告知义务；
3. 理解包价旅游合同的履行规则；
4. 掌握包价旅游合同转让与解除的法律规定。

相关知识

一、包价旅游合同的定义与特征

（一）包价旅游合同的定义

包价旅游合同，是指旅行社预先安排行程，提供或者通过履行辅助人提供交通、住宿、餐饮、游览、导游或领队等两项以上旅游服务，旅游者以总价支付旅游费用的合同。

（二）包价旅游合同的特征

包价旅游合同的特征表现在以下三个方面。

（1）内容预先安排。合同内容中的旅游行程及相关服务是由旅行社预先安排的。

（2）服务的数量符合法律规定。交通、住宿、餐饮、游览、导游或者领队服务中任意两项或以上服务的组合，是包价旅游合同服务要素的构成要件。

（3）价款以总价方式一揽子支付。包价旅游合同的价款中，既包括旅行社向交通、住宿、餐饮、游览经营者订购服务的成本，也包括旅行社自身的经营成本，如运营费用、人员工资等，还包括其合理利润。

二、包价旅游合同的订立

（一）包价旅游合同的形式

包价旅游合同应当采用书面形式。签订包价旅游合同是旅行社与旅游者之间作出意思表示、达成合意，最终签订书面合同的过程。

订立书面形式的包价旅游合同，最常见的是采用国家或地方政府相关部门发布的示范文本。例如，2014年国家工商行政管理总局[①]和国家旅游局[②]联合发布的《团队境内旅游合同（示范文本）》《团队出境旅游合同（示范文本）》《大陆居民赴台湾地区旅游合同（示范文本）》和《境内旅游组团社与地接社合同（示范文本）》等。

（二）包价旅游合同的内容

《旅游法》第五十八条第一款规定，包价旅游合同应当包括：旅行社、旅游者的基本信息；旅游行程安排；旅游团成团的最低人数；交通、住宿、餐饮等旅游服务安排和标准；游览、娱乐等项目的具体内容和时间；自由活动时间安排；旅游费用及其交纳的期限和方式；违约责任和解决纠纷的方式；法律、法规规定和双方约定的其他事项。

《旅游法》第五十九条规定，旅行社应当在旅游行程开始前向旅游者提供旅游行程单。旅游行程单是包价旅游合同的组成部分。实践中，旅行社通过提供旅游行程单以说明具体旅游服务时间、地点、内容、顺序等，是对包价旅游合同的履行所做的承诺，是对包价旅游合同中旅行社义务的具体化。

（三）旅行社的订约说明告知义务

1. 说明义务

《旅游法》第五十八条第二款规定，订立包价旅游合同时，旅行社应当向旅游者详细说明本条第一款第二项至第八项所载内容的义务。未履行该义务的，即可能因为违反说明义务而导致包价旅游合同不成立、被撤销等，因此造成旅游者损失的，应当承担赔偿损失的责任。

2. 告知事项

订立包价旅游合同时，旅行社还应当向旅游者告知下列事项。

（1）旅游者不适合参加旅游活动的情形。

（2）旅游活动中的安全注意事项。

（3）旅行社依法可以减免责任的信息。

（4）旅游者应当注意的旅游目的地相关法律、法规和风俗习惯、宗教禁忌，依照中国法律不宜参加的活动等。

（5）法律、法规规定的其他应当告知的事项。

---

① 现国家市场监督管理总局。
② 现文化和旅游部。

三、包价旅游合同的履行

《旅游法》第六十九条规定，旅行社应当按照包价旅游合同的约定履行义务，不得擅自变更旅游行程安排。

（一）组团社必须根据合同约定的内容、标准提供服务

旅行社除由于旅游者个人的原因或不可抗力等客观因素可以解除、变更合同外，必须根据合同所约定的服务内容和标准，向旅游者提供其所承诺的相关服务，且不得降低档次、增减项目。

（二）组团社将接待业务必须委托给有资质的地接社履行

组团社将接待业务委托地接社履行时应当遵守下列规定：一是缔约对象应当选择具有相应资质的旅行社；二是应当采取书面形式约定双方的权利和义务；三是应当向地接社提供与旅游者订立的包价旅游合同的副本；四是应当向地接社支付不低于接待和服务成本的费用。

（三）地接社必须按包价旅游合同履行义务

地接社应当按照组团社与旅游者签订的包价旅游合同和组团社与地接社签订的委托合同提供服务。该规定有利于明确包价旅游合同履行过程中当事人之间的法律关系。

四、包价旅游合同的转让与解除

（一）旅游者转让、解除包价旅游合同

1. 旅游者转让包价旅游合同

《旅游法》第六十四条规定，旅游行程开始前，旅游者可以将包价旅游合同中自身的权利义务转让给第三人，旅行社没有正当理由的不得拒绝，因此增加的费用由旅游者和第三人承担。

旅行社有以下正当、合理的理由，有权拒绝转让请求：一是对应原报名者办理的相关服务、手续不能变更或者不能及时变更，如出团前无法为第三人办妥签证等；二是旅游活动对于旅游者的身份、资格等有特殊要求的，第三人并不具备相应身份、资格等。

2. 旅游者解除包价旅游合同

《旅游法》第六十五条规定，旅游行程结束前，旅游者解除合同的，组团社应当在扣除必要的费用后，将余款退还旅游者。

实践中，由于旅游行程开始前，旅游者已预交全部旅游费用，因此，旅游经营者应当向

项目四 旅游服务合同法律制度

旅游者退还相关费用。组团社应当在扣除必要的费用后，将余款退还旅游者。必要费用包括：一是组团社已向地接社或者履行辅助人支付且不可退还的费用；二是旅游行程中已实际发生的费用。

（二）旅行社转让、解除包价旅游合同权

1. 因未达到约定成团人数不能出团而解除合同

《旅游法》第六十三条规定，旅行社招徕旅游者组团旅游，因未达到约定人数不能出团的，组团社可以解除合同。但是，境内旅游应当至少提前7日通知旅游者，出境旅游应当至少提前30日通知旅游者。因未达到约定人数不能出团的，组团社经征得旅游者书面同意，可以委托其他旅行社履行合同。组团社对旅游者承担责任，受委托的旅行社对组团社承担责任。旅游者不同意的，可以解除合同。因未达到约定的成团人数解除合同的，组团社应当向旅游者退还已收取的全部费用。

2. 因旅游者原因导致合同解除及法律责任

旅游者有《旅游法》第六十六条规定情形之一的，旅行社可以解除合同；因此原因解除合同的，组团社应当在扣除必要的费用后，将余款退还旅游者；给旅行社造成损失的，旅游者应当依法承担赔偿责任。

（三）包价旅游合同解除后旅行社的协助义务及费用承担

《旅游法》第六十八条规定，旅游行程中解除合同的，旅行社应当协助旅游者返回出发地或者旅游者指定的合理地点。由于旅行社或者履行辅助人的原因导致合同解除的，返程费用由旅行社承担。

1. 旅行社协助旅游者返回的义务

旅游者的返回地，应不限于旅游出发地，也可由旅游者指定合理的地点以方便旅游者。协助旅游者返回出发地或者旅游者指定的合理地点，是《旅游法》基于保护旅游者利益而规定旅行社必须履行的法定义务。

应当指出，不论何种情形导致行程中合同解除、旅游者需要返程的，旅行社都必须协助其返程。

2. 旅游者返程费用的承担

返程费用的负担，需要根据不同情形分别处理。

（1）旅游者因个人原因主动解除合同或者旅行社根据《旅游法》第六十六条规定行使解除权的，返程费用由旅游者自己承担。

（2）因不可抗力或者旅行社、履行辅助人已尽合理注意义务仍不能避免的事件，导致合同不能继续履行，或者旅游者不同意调整行程而解除合同的，应根据《旅游法》第六十七条，返程费用由旅行社与旅游者合理分担。

（3）由于旅行社或履行辅助人的原因导致合同解除的，返程费用由旅行社承担。

 知识考查

1. 包价旅游合同，是指旅行社预先安排行程，提供或者通过履行辅助人提供_____等两项以上旅游服务，旅游者以_____支付旅游费用的合同。

2. 包价旅游合同应当采用_____形式。

3. 实践中，旅行社通过提供_____以说明具体旅游服务时间、地点、内容、顺序等。

4. 旅行社招徕旅游者组团旅游，因未达到约定人数不能出团的，组团社可以解除合同。但是，境内旅游应当至少提前_____日通知旅游者，出境旅游应当至少提前_____日通知旅游者。

5. 简述包价旅游合同的内容。
_____
_____
_____
_____

6. 订立包价旅游合同时，旅行社应当向旅游者告知哪些事项？
_____
_____
_____
_____

课外实践

查阅当地旅游行政管理部门提供的最新旅游合同范本，分小组进行角色扮演，模拟签订某一旅游线路的旅游合同。

项目四　旅游服务合同法律制度

项目总结

合同是民事主体之间设立、变更、终止民事法律关系的协议。

旅游服务合同是指旅游者与旅行业者之间签订的合同，即旅游者和提供旅游服务方之间订立的明确双方在特定的旅游活动中权利义务关系的协议。

合同订立的基本原则包括平等原则、自愿原则、公平原则、诚实信用原则、遵守法律和维护道德原则、对当事人具有法律约束力原则。

法人、自然人或者其他组织可以成为合同主体，但是必须具备合同主体的资格。

合同的效力是指合同在法律上所具有的约束当事人各方乃至第三人的强制力。

当事人应当按照约定的标的、数量、质量、履行期限、履行地点和履行方式全面履行自己的义务，不得擅自变更或者终止合同的履行。

包价旅游合同，是指旅行社预先安排行程，提供或者通过履行辅助人提供交通、住宿、餐饮、游览、导游或领队等两项以上旅游服务，旅游者以总价支付旅游费用的合同。包价旅游合同应当采用书面形式。签订包价旅游合同是旅行社与旅游者之间做出意思表示、达成合意，最终签订书面合同的过程。

通过本项目的学习与实训，写下你的收获。

自我小结：

_____
_____
_____
_____
_____

教师评价：

_____
_____
_____
_____
_____

项目五

旅游消费者权益保护法律制度

项目引言

随着旅游业的发展，旅游活动中存在的问题日益突出，尤其是旅游者合法权益保护问题，已成为广大旅游者越来越关注的问题。解决好这一问题，既是保障我国旅游业持续、健康发展的需要，又是我国旅游法制建设面临的重要课题。目前，我国尚未制定专门的旅游者合法权益保护法，《旅行社条例》《导游人员管理实施办法》《旅游投诉处理办法》等法规为保护旅游者的合法权益，及时、公正地处理旅游纠纷提供了一定的依据。但是，旅游者作为消费者的特殊群体，其具体的权利、义务与其他消费者又有许多相同之处，在旅游者合法权益保护问题上，也适用一般消费者合法权益保护法规。因此，《中华人民共和国消费者权益保护法》（以下简称《消费者权益保护法》）在保护旅游者合法权益、维护旅游市场秩序、促进旅游业健康发展的过程中同样起着非常重要的作用。

项目导航

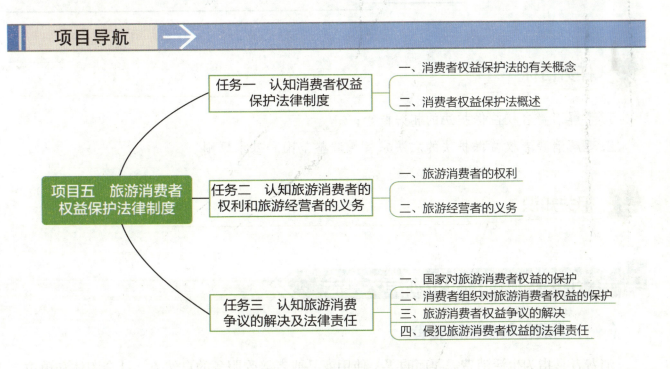

项目五 旅游消费者权益保护法律制度

案例导入

甲公司因组织客户赴美进行交流考察，于2013年5月向乙旅行社下属营业部咨询有关行程安排，之后，乙旅行社为甲公司提供了行程安排表，行程安排表中承诺安排甲公司客户入住经济型三星级酒店，同时提示：星级标准为美国当地行业参考标准。但是甲公司客户入住后，发现与乙旅行社承诺的经济型三星级酒店相去甚远，甲公司客户与旅行社方面协商无果之后，只好自己在网上预订了酒店，为此花费了住宿费9 474.37美元。

事后，甲公司多次与乙旅行社协商，也请当地旅游行政部门介入调解，但最终调解失败。甲公司根据有关法律规定向法院提起诉讼，请求法院判令乙旅行社退回甲公司已经支付但未入住的酒店住宿费5 120美元，折合人民币31 353.34元；乙旅行社因违约行为承担违约金31 353.34元并承担本案的全部诉讼费用。

思考：
乙旅行社侵犯了作为旅游消费者的甲公司何种权利？

任务一 认知消费者权益保护法律制度

任务目标

1. 了解消费者权益保护法的相关概念；
2. 理解消费者权益保护法的立法宗旨、调整范围和基本原则。

相关知识

一、消费者权益保护法的有关概念

（一）消费者与旅游消费者

消费者是指为生活消费需要而购买、使用商品或者接受服务的自然人、社会团体和单位。旅游者是指与旅行社签订旅游合同，参加旅游活动的居民或团体。由于旅行社是经营旅游业务、提供有偿服务、实现经营利润的社会组织，因此，在旅游活动中，旅游者自然而然就是为生活需要而购买、使用旅行社等旅游经营者提供的旅游产品或接受旅游服务的消费者，即旅游消费者。

（二）经营者与旅游经营者

经营者是指向消费者提供其生产、销售的商品或者提供服务的公民、法人或其他经济组织，是以营利为目的从事生产经营活动，并与消费者相对应的另一方当事人。

旅游经营者是指从事旅游产品的销售和营业性服务，为旅游者提供旅游服务的单位和个人。旅游经营者主要指旅行社，还包括旅游景区（点）、旅游饭店、旅游商店等。

（三）旅游消费者权益

消费者权益是指消费者依法享有的权利和应得利益。

旅游消费者权益就是旅游者在旅游活动中依照旅游法律、法规和制度享有的权利和应得利益。

（四）消费者权益保护法

消费者权益保护法是调整国家机关、经营者、消费者相互之间保护消费者利益而产生的社会关系的法律规范的总称。

通常所说的消费者权益保护法，是指《消费者权益保护法》。1993年10月31日由第八届全国人大常委会第四次会议通过并于1994年1月1日起施行的《消费者权益保护法》，是我国第一部以保护消费者权益为核心，对消费领域的经济关系进行全面有效调整的法律文件。经过2009年、2013年两次修正，新法于2014年3月15日开始实施。

二、消费者权益保护法概述

（一）立法宗旨

《消费者权益保护法》第一条规定："为保护消费者的合法权益，维护社会经济秩序，促进社会主义市场经济健康发展，制定本法。"根据这一规定可知，《消费者权益保护法》的立法宗旨有三层含义：第一，保护消费者的合法权益；第二，维护社会经济秩序；第三，促进社会主义市场经济健康发展。

（二）调整范围

《消费者权益保护法》规定，消费者为生活消费需要购买、使用商品或者接受服务，其权益受本法保护；经营者为消费者提供其生产、销售的商品或者提供服务，应当遵守本法。这是消费者权益保护法的调整范围。

（三）基本原则

1. 经营者与消费者交易的基本原则

《消费者权益保护法》第四条规定："经营者与消费者进行交易，应当遵循自愿、平等、公平、诚实信用的原则。"

（1）自愿原则。自愿原则要求经营者与消费者进行交易时，要尊重消费者的意愿；建立交易关系，也应真正出于消费者的意愿。

（2）平等原则。平等原则是商品经济的本质要求，指交易双方法律地位平等，不得恃强凌弱。

（3）公平原则。公平原则要求双方交易符合商品经济等价交换的原则和社会商业道德规范精神。

（4）诚实信用原则。诚实信用原则指双方在交易中应友好合作，实事求是，恪守信用。

2. 国家保护消费者的合法权益不受侵犯的原则

国家采取措施，保障消费者依法行使权利，维护消费者的合法权益；国家倡导节约资源和保护环境的合理消费。

3. 全社会共同保护消费者合法权益的原则

消费者权益涉及社会经济生活的广泛领域，需要动员全社会的力量，发挥各方面的积极性，才能形成消费者权益保护的社会机制，使消费者权益保护法律制度真正落到实处。因此，国家鼓励、支持一切组织和个人，对损害消费者合法权益的行为进行社会监督；大众传媒应当做好维护消费者合法权益的宣传，对损害消费者合法权益的行为进行舆论监督。

知识考查

1. 消费者是指为_____需要而购买、使用商品或者接受服务的自然人、社会团体和单位。

2. 经营者是指向消费者提供_____的公民、法人或其他经济组织，是以营利为目的从事生产经营活动。

3. _____是指消费者依法享有的权利和应得利益。

4. 经营者与消费者进行交易，应当遵循_____、_____、_____、诚实信用的原则。

5. 简述《消费者权益保护法》的立法宗旨。
_____
_____
_____
_____

6. 简述《消费者权益保护法》的基本原则。
_____
_____
_____
_____
_____

任务二　认知旅游消费者的权利和旅游经营者的义务

任务目标

1. 理解旅游消费者的权利；
2. 理解旅游经营者的义务。

相关知识

一、旅游消费者的权利

《消费者权益保护法》对消费者的权利进行了规定，共有九条。以这九条为依据，可相应地确定旅游消费者的基本权利。

（一）安全保障权

安全保障权是指旅游消费者在购买、使用商品或者接受服务时，依法享有的人身、财产安全不受侵害的权利。安全保障权是旅游消费者享有的最基本权利。

旅游消费者安全保障权的主要内容包括以下几个方面。

（1）旅游消费者有权要求经营者提供的商品和服务符合保障人身、财产安全的要求。

（2）旅游消费者有权要求经营者对有可能危及旅游者人身、财产安全的项目，事先向旅游者作出真实的说明和明确的警示，并采取防止危害发生的措施。

（3）旅游消费者有权要求经营者对旅游地可能引起旅游者误解或产生冲突的法律规定、风俗、宗教信仰等，事先给旅游者以明确的说明和忠告。

（4）旅游消费者有权要求经营者提供虽不影响质量但有瑕疵的商品或者服务时，履行及时告知旅游消费者的法律义务，并有权得到经营者采取切实可行的防范措施与帮助。

> **阅读案例**
>
> **旅行社应承担什么责任**
>
> 某旅游团在浙江沿海一旅游胜地观光，导游带着大家来到海边欣赏海滩风光。导游讲解完后，大家开始自由活动，导游指着一块"严禁入内拍照"的警示牌对大家说："请遵守景区规定，不要越过警示牌站在礁石上拍照。"但还是有三个年轻人趁着导游不注意越过了警示牌，站在礁石上让人拍照。这时，一股海浪猛地打了过来，三个年轻人被海浪卷入海中，其中两人又被海浪冲上岸来，另一人再也没有上岸。
>
> 景区已对危险区域作出明确的警示，旅行社导游人员也事先进行了警告。旅游者不听劝告，擅自进行危险活动造成死亡的后果，是旅游者自己的过失造成的，不能就此说明旅行社提供的旅游服务不能保障旅游者的人身、财产安全，旅行社对事故可以不承担责任，但应积极协助死者家属向保险公司索赔。

（二）知悉真情权

知悉真情权又称知情权，是指消费者享有知悉其购买、使用的商品，或者接受服务的真实情况的权利。

旅游消费者知悉真情权的主要内容包括以下几个方面。

（1）旅游消费者有权根据商品或者服务的不同情况，要求经营者提供商品的价格、产地、生产者、用途、性能、规格、等级、主要成分、生产日期、有效期限、检验合格证明、使用方法说明书、售后服务，或者服务的内容、规格、费用等有关情况。

（2）对具体的旅游消费而言，旅游者有权了解旅游产品价格和旅游行程的具体安排，包括乘坐的交通工具的种类和级别、游览的景点、住宿的标准、餐饮的标准、娱乐的标准、购物的次数等。

（三）自主选择权

自主选择权是指旅游消费者享有的自主选择或不选择经营者、购买或不购买旅游商品、接受或不接受旅游服务的权利。

旅游消费者自主选择权的主要内容包括以下几个方面。

（1）旅游消费者有权根据自己的经验、喜好、判断，自主选择或不选择提供商品或服务的经营者。

（2）旅游消费者有权自主选择商品品种，或者服务方式。

（3）旅游消费者有权自主决定购买或者不购买某种商品、接受或者不接受某项服务。

（4）旅游消费者在自主选择商品或服务时，有权进行比较、鉴别和挑选。

（四）公平交易权

公平交易权是指消费者在购买商品或者接受服务时，有权获得质量保障、价格合理、计量正确等公平交易条件，有权拒绝经营者的强制交易行为。

旅游消费者公平交易权的主要内容包括以下几个方面。

（1）旅游者在旅游活动过程中，有权要求经营者提供的商品和服务质量须达到法律规定标准或合同约定标准。有权拒绝消费无产品认证或无质量保障的旅游商品；有权拒绝接受未达相关标准的服务提供。

（2）旅游者在旅游活动过程中，有权要求经营者提供的商品价格或服务报价符合法律规定与合同约定。有权拒绝支付不合法或不合约的消费费用。

（3）旅游者在旅游活动过程中，有权要求经营者提供的商品或服务符合法律规定或合同约定计量。有权拒绝计量不合法、不合约的商品消费与服务接受。

（4）旅游者在旅游活动过程中，具有依法自主或合约自由的消费权利。有权拒绝经营者的强制消费或强制不消费行为。

（五）获得赔偿权

获得赔偿权是指旅游消费者在购买、使用商品或者接受服务而受到人身、财产损害时，依法享有获得赔偿的权利。它是一种必不可少的救济性权利。旅游消费者的消费需求具有二重性特点：一是为物质需求的满足；二是为精神需求的满足，而这更显得重要。因此，在损害行为发生时，旅游者还有权就此提出精神损害赔偿。

（六）依法结社权

依法结社权是指旅游消费者享有依法成立维护自身合法权益的社会团体的权利。它是公民政治权利的基本内容之一。法律赋予消费者依法结社权，有助于消费者从分散、弱小走向聚合、强大，通过社团的力量来改变自己的弱者地位，维护自己的合法权益。从某种程度上说，消费者组织的发达程度是衡量现代社会消费者保护水平的重要标志。

项目五　旅游消费者权益保护法律制度

> **拓展阅读**
>
> **中国消费者协会**
>
> 中国消费者协会于1984年12月经国务院批准成立，是对商品和服务进行社会监督的保护消费者合法权益的全国性社会组织。中国消费者协会的宗旨是：对商品和服务进行社会监督，保护消费者的合法权益，引导广大消费者合理、科学消费，促进社会主义市场经济健康发展。

（七）知识获取权

知识获取权是指旅游消费者享有获得有关旅游消费和旅游消费者权益保护方面知识的权利。它是从知情权派生而来的权利。旅游者知识获取权的实现一方面有赖于经营者提供信息，另一方面也有赖于政府和消费者组织等提供的消费知识。此外，旅游者提高自我保护意识，努力掌握所需商品或服务的知识和使用技能也非常重要。

（八）维护尊严权

维护尊严权是指旅游消费者在购买、使用旅游商品和接受旅游服务时，享有其人格尊严、民族风俗得到尊重的权利。在旅游过程中，旅游者通常是从常住地到达非常住地，甚至要跨越国界。各国各地各族的风俗、文化传统可能存在较大的差异，法律给予旅游者维护尊严权不仅是社会文明进步的表现，同时也是使旅游者实现旅游生活消费、真正获得身体和心理上放松的一种表现。

（九）批评监督权

批评监督权是指旅游消费者享有对旅游商品和服务，以及保护消费者合法权益工作进行监督的权利。旅游消费者有权检举、控告侵害消费者权益的行为和国家机关及其工作人员在保护消费者权益工作中的违法失职行为，有权对保护消费者权益工作提出批评与建议。

二、旅游经营者的义务

（一）依法或按约履行义务

旅游经营者向旅游消费者提供商品和服务，应按照法律、法规的规定履行义务。旅游经营者与消费者有约定的，应按约定履行义务，但双方的约定不得违背法律、法规。

（二）听取意见和接受监督

旅游经营者应听取旅游消费者对他们所提供的商品或者服务的意见，接受旅游消费者的监督。

（三）保障人身和财产的安全

旅游经营者应保证其提供的商品或者服务符合保障人身、财产安全的要求。

对可能危及人身、财产安全的商品和服务，应向消费者作出真实的说明和明确的警示，并说明和标明正确使用商品或者接受服务的方法，以及防止危害发生的方法。旅游经营者发现其提供的商品或者服务存在严重缺陷时，即使正确使用商品或者接受服务仍然可能对人身、财产安全造成危害的，应立即向有关行政部门报告和告知消费者，并采取防止危害发生的措施。

> **阅读案例**
>
> **饭店应该承担赔偿责任吗**
>
> 陈某一家三口在某城市旅游，在购物过程中，陈某与当地人刘某产生纠纷，刘某尾随陈某进入陈某所住饭店，知道了其房号。然后刘某叫来两人返回饭店，在饭店走廊中对陈某大打出手，当时饭店有多名保安和服务员在场，但没有人敢上前制止。三人打完后扬长而去，保安也未加阻拦。因无法找到打人的刘某，陈某要求饭店赔偿其医疗费等共计4 000元，遭到饭店拒绝。
>
> 经营者应当保证其提供的商品或者服务符合保障人身、财产安全的要求，本例中，陈某在饭店住宿期间在饭店内遭人殴打，饭店没有有效地防止并制止事件的发生，致使陈某受伤，说明饭店提供的服务并不符合保障人身、财产安全的要求，理应承担赔偿责任。

（四）提供真实信息

旅游经营者应向旅游消费者提供有关商品或者服务的真实信息，不得进行引人误解的虚假宣传。旅游经营者对旅游消费者就他们所提供的商品或者服务的质量和使用方法等问题提出的询问，应作出真实、明确的答复。商店提供商品应明码标价。

（五）出具购物凭证或服务单据

旅游经营者提供商品或者服务，应按照国家有关规定或者商业惯例向旅游消费者出具购物凭证或者服务单据；旅游消费者索要购物凭证或者服务单据的，旅游经营者必须出具。

商业惯例，是指某一行业的经营者在销售商品或提供服务时普遍遵循的做法，特别是指在向消费者出具购货凭证或服务单据方面的惯常做法。商业惯例虽不是国家法律、法规的规定，却被有关经营者所公认和遵守，在维护正常的交易秩序、保护消费者权益方面发挥着重要作用。

（六）保证商品和服务的质量

旅游经营者应保证在正常使用商品或者接受服务的情况下其所提供的商品或者服务应具

有的质量、性能、用途和有效期限；但消费者在购买该商品或者接受该服务前已经知道其存在瑕疵的除外。旅游经营者以广告、产品说明、实物样品或者其他方式表明商品或者服务的质量状况的，应保证他们所提供的商品或者服务的实际质量与表明的质量状况相符。

（七）售后服务的义务

旅游经营者提供商品或者服务，按照国家规定，或者与消费者的约定，承担包修、包换、包退或者其他责任的，应按照国家规定或者约定履行，不得故意拖延，或者无理拒绝。

（八）保证公平交易

通知、声明和店堂告示，以及说明、顾客须知、注意事项等都是经营者常用的向消费者告知经营者有关经营情况的方式。为保证公平交易，《消费者权益保护法》规定，经营者不得以格式条款、通知、声明、店堂告示等方式，作出排除或者限制消费者权利、减轻或者免除经营者责任、加重消费者责任等对消费者不公平、不合理的规定，不得利用格式条款并借助技术手段强制交易。格式条款、通知、声明、店堂告示等含有前款所列内容的，其内容无效。此外，经营者销售商品，不得违背购买者的意愿搭售商品或者附加其他不合理的条件。

（九）尊重消费者的人身权

人身权，是民事主体依法享有的与其人身不可分离而无直接财产内容的民事权利。人身权分为人格权和身份权，其中，人格权包括生命健康权、身体权、姓名权、自由权、名誉权、肖像权、荣誉权、名称权、隐私权等；身份权包括监护权、亲权、夫权、父权等。人身权是民事主体依法享有的最基本的民事权利，也是现代文明社会人们赖以生存的必不可少的社会条件。《消费者权益保护法》规定，经营者不得对消费者进行侮辱、诽谤，不得搜查消费者的身体及其携带的物品，不得侵犯消费者的人身自由。

（十）合法收集、使用消费者个人信息

经营者收集、使用消费者个人信息，应当遵循合法、正当、必要的原则，明示收集、使用信息的目的、方式和范围，并经消费者同意。经营者收集、使用消费者个人信息，应当公开其收集、使用规则，不得违反法律、法规的规定和双方的约定收集、使用信息。

经营者及其工作人员对收集的消费者个人信息必须严格保密，不得泄露、出售或者非法向他人提供。经营者应当采取技术措施和其他必要措施，确保信息安全，防止消费者个人信息泄露、丢失。在发生或者可能发生信息泄露、丢失的情况时，应当立即采取补救措施。经营者未经消费者同意或者请求，或者消费者明确表示拒绝的，不得向其发送商业性信息。

任务二　认知旅游消费者的权利和旅游经营者的义务

> **阅读案例**
>
> **经营者应保护消费者个人信息**
>
> 　　王某是普通的公司职员，经常收到莫名其妙的短信或者电话，内容包括房产广告、代开发票、推销保险等垃圾信息和诈骗信息。和王某一样，相当一部分消费者也会遭遇这样的情形，垃圾短信和骚扰电话无孔不入，甚至影响到自己正常作息生活，消费者普遍认为隐私很难得到保护。
>
> 　　超市、商场或其他服务机构，多数会要求消费者办理会员卡，一部分消费者在办理会员卡的同时，无形中泄露了自己的个人信息。这些信息可能被一些不法分子买回去，提供给其他经营者，一些不法经营者便利用这些信息推销产品或服务，如常见的手机垃圾短信。现在消费者在为这些商业性信息或其他垃圾信息所烦恼时，《消费者权益保护法》提供了解决的法律依据。《消费者权益保护法》第二十九条规定，经营者未经消费者同意或者请求，或者消费者明确表示拒绝的，不得向其发送商业性信息。在消费者明确表示拒绝接收商业性信息或其他垃圾信息后，经营者依然发送的，消费者可以依据法律规定通过法律途径解决。

知识考查

1. ＿＿＿＿＿是旅游消费者享有的最基本权利。

2. ＿＿＿＿＿是指消费者享有知悉其购买、使用的商品，或者接受服务的真实情况的权利。

3. ＿＿＿＿＿是指消费者在购买商品或者接受服务时，有权获得质量保障、价格合理、计量正确等公平交易条件，有权拒绝经营者的强制交易行为。

4. ＿＿＿＿＿是指旅游消费者在购买、使用商品或者接受服务而受到人身、财产损害时，依法享有获得赔偿的权利。

5. 简述旅游消费者安全保障权的主要内容。

＿＿

＿＿

＿＿

6. 简述旅游消费者自主选择权的主要内容。

＿＿

＿＿

7. 简述旅游消费者公平交易权的主要内容。
_____
_____
_____

8. 简述旅游经营者的义务。
_____
_____
_____
_____

任务三　认知旅游消费争议的解决及法律责任

任务目标

1. 了解国家对旅游消费者权益的保护措施；
2. 了解消费者组织对旅游消费者权益的保护措施；
3. 掌握旅游消费者权益争议的解决途径，以及责任赔偿主体的认定；
4. 理解侵害消费者权益行为的法律责任。

相关知识

一、国家对旅游消费者权益的保护

《消费者权益保护法》规定：国家保护消费者的合法权益不受侵害。国家采取措施，保障消费者依法行使权利，维护消费者的合法权益。国家倡导文明、健康、节约资源和保护环境的消费方式，反对浪费。

（1）国家制定有关消费者权益的法律、法规、规章和强制性标准，应当听取消费者和消费者协会等组织的意见。

（2）各级人民政府应当加强领导，组织、协调、督促有关行政部门做好保护消费者合法权益的工作，落实保护消费者合法权益的职责。各级人民政府应当加强监督，预防危害消费

者人身、财产安全行为的发生，及时制止危害消费者人身、财产安全的行为。

（3）各级人民政府工商行政管理部门和其他有关行政部门应当依照法律、法规的规定，在各自的职责范围内，采取措施，保护消费者的合法权益。有关行政部门应当听取消费者和消费者协会等组织对经营者交易行为、商品和服务质量问题的意见，及时调查处理。

（4）有关行政部门在各自的职责范围内，应当定期或者不定期对经营者提供的商品和服务进行抽查检验，并及时向社会公布抽查检验结果。有关行政部门发现并认定经营者提供的商品或者服务存在缺陷，有危及人身、财产安全危险的，应当立即责令经营者采取停止销售、警示、召回、无害化处理、销毁、停止生产或者服务等措施。

（5）有关国家机关应当依照法律、法规的规定，惩处经营者在提供商品和服务中侵害消费者合法权益的违法犯罪行为。

（6）人民法院应当采取措施，方便消费者提起诉讼。对符合《中华人民共和国民事诉讼法》起诉条件的消费者权益争议，必须受理，及时审理。

二、消费者组织对旅游消费者权益的保护

消费者协会和其他消费者组织是依法成立的对商品和服务进行社会监督的保护消费者合法权益的社会组织。

消费者协会履行下列公益性职责。

（1）向消费者提供消费信息和咨询服务，提高消费者维护自身合法权益的能力，引导文明、健康、节约资源和保护环境的消费方式。

（2）参与制定有关消费者权益的法律、法规、规章和强制性标准。

（3）参与有关行政部门对商品和服务的监督、检查。

（4）就有关消费者合法权益的问题，向有关部门反映、查询，提出建议。

（5）受理消费者的投诉，并对投诉事项进行调查、调解。

（6）投诉事项涉及商品和服务质量问题的，可以委托具备资格的鉴定人鉴定，鉴定人应当告知鉴定意见。

（7）就损害消费者合法权益的行为，支持受损害的消费者提起诉讼或者依照《消费者权益保护法》提起诉讼。

（8）对损害消费者合法权益的行为，通过大众传播媒介予以揭露、批评。

消费者组织不得从事商品经营和营利性服务，不得以收取费用或者其他谋取利益的方式向消费者推荐商品和服务。各级人民政府对消费者协会履行职责应当予以必要的经费等支持。消费者协会应当认真履行保护消费者合法权益的职责，听取消费者的意见和建议，接受社会监督。依法成立的其他消费者组织依照法律、法规及其章程的规定，开展保护消费者合法权益的活动。

项目五　旅游消费者权益保护法律制度

三、旅游消费者权益争议的解决

旅游消费者权益争议是指旅游消费者与旅游经营者之间，因旅游消费者权益问题而发生的纠纷。《消费者权益保护法》规定了消费者权益争议解决的途径和责任赔偿主体。

（一）旅游消费者权益争议的解决途径

旅游消费者和旅游经营者发生消费者权益争议的，可以通过下列途径解决。

1. 与旅游经营者协商和解

协商是实践中最常见的解决途径，在旅游消费者与旅游经营者发生争议时，双方可以就争议事项，通过平等协商，分清责任，解决争议。

2. 请求消费者协会或者依法成立的其他调解组织调解

消费者协会是代表消费者对商品和服务进行社会监督的社会团体。旅游消费者与旅游经营者发生权益争议，可以请求消费者协会调解，即在消费者协会的主持下，双方当事人通过自愿协商达成协议，从而解决纠纷。消费者协会调解的一般程序如下。

（1）受理投诉。接受权益被侵害消费者的申诉，并进行登记。

（2）调查。对申诉人的申诉，听取双方当事人的陈述与解释，了解核实情况。

（3）调解。根据事情的性质、问题的严重程度与双方意见充分协商，提出双方能够接受的处理意见。对意见难以达成一致的，支持受害方向行政机关、司法机关申诉。

3. 向有关行政部门投诉

向有关行政部门投诉是在实践中解决旅游消费纠纷的一种较常见的方法，是指旅游消费者在消费过程中其合法权益受到损害时，以口头或书面形式向有关行政机关反映情况，请求解决争议的一种方式。行政部门的调解属于行政调解性质。

4. 根据与经营者达成的仲裁协议提请仲裁机构仲裁

仲裁是指双方当事人愿意将争议提交第三方作出裁决的法律制度。《中华人民共和国仲裁法》规定，当事人采用仲裁方式解决纠纷，应当双方自愿，达成仲裁协议。没有仲裁协议，一方申请仲裁的，仲裁委员会不予受理。仲裁委员会依法作出的仲裁裁决具有强制性，而且是最终裁决，当事人应履行裁决。一方当事人不履行的，另一方当事人可以依照民事诉讼法的有关规定向人民法院申请执行。受申请的人民法院应当执行。

5. 向人民法院提起诉讼

当事人不愿意通过协商和解、调解或调解不成，也没有仲裁协议的，可以向人民法院提起诉讼，通过诉讼程序来解决争议。起诉是解决旅游消费者权益争议纠纷的重要途径。人民法院的判决一旦生效，就具有强制执行效力。因此，它是最为权威的一种争议解决途径。通过诉讼解决消费争议，应当按照民事诉讼程序进行。

（二）责任赔偿的主体

《消费者权益保护法》对消费者在购买、使用商品或者接受服务时，其合法权益受到侵害时，对最终承担责任赔偿的主体进行了明确规定。其中涉及生产者、销售者、服务者、变更后的企业、营业执照的使用人或持有人、从事虚假广告行为的经营者和广告的经营者。

（1）消费者在购买、使用商品时，其合法权益受到损害的，可以向销售者要求索赔。销售者赔偿后，属于生产者的责任或者属于向销售者提供商品的其他销售者的责任的，销售者有权向生产者或其他销售者追偿。

（2）消费者或者其他受害人因商品缺陷致使人身、财产受到损害的，可以向销售者要求赔偿，也可以向生产者要求赔偿。属于生产者责任的，销售者赔偿后，有权向生产者追偿。属于销售者责任的，生产者赔偿后，有权向销售者追偿。

（3）消费者在接受服务时，其合法权益受到损害的，可以向服务者要求赔偿。

（4）消费者在购买、使用商品或者接受服务时，其合法权益受到损害，因原企业分立、合并的，可以向变更后承受其权利和义务的企业要求赔偿。

（5）使用他人营业执照的违法经营者提供商品或者服务，损害消费者合法权益的，消费者可以向其要求赔偿，也可以向营业执照的持有人要求赔偿。

（6）消费者在展销会、租赁柜台购买商品或接受服务，其合法权益受到损害的，可以向销售者或者服务者要求赔偿。展销会结束或者柜台租赁期满后，也可以向展销会的举办者、柜台的出租者要求赔偿。展销会的举办者、柜台的出租者赔偿后，有权向销售者或者服务者追偿。

（7）消费者因经营者利用虚假广告提供商品或者服务，其合法权益受到损害的，可以向经营者要求赔偿。广告的经营者发布者不能提供经营者的真实名称、地址和有效联系方式的，应当承担赔偿责任。

> **阅读案例**
>
> **弄清对象再索赔**
>
> 某旅游团在导游的介绍下到一家定点旅游商店购物，其中一位游客购买了当地的土特产品——烧鸡。待游客把烧鸡带回家与家人一起享用（在保质期内）后，导致全家人上吐下泻，发生严重的食物中毒，经抢救脱离危险。该游客投诉导游，要求导游承担赔偿责任。
>
> 此游客的做法是不合理的，因为根据《消费者权益保护法》的规定，他可以要求旅游商店给予赔偿，也可以向生产烧鸡的厂家要求赔偿，而不应该要求导游赔偿。

项目五 旅游消费者权益保护法律制度

四、侵犯旅游消费者权益的法律责任

(一) 侵害旅游消费者权益行为承担的民事责任

1. 承担民事责任的范围

根据《消费者权益保护法》的规定，经营者提供商品或者服务有下列情形之一的，除本法另有规定外，应当依照其他有关法律、法规的规定，承担民事责任。

(1) 商品或者服务存在缺陷的。

(2) 不具备商品应当具备的使用性能而出售时未作说明的。

(3) 不符合在商品或者其包装上注明采用的商品标准的。

(4) 不符合商品说明、实物样品等方式表明的质量状况的。

(5) 生产国家明令淘汰的商品或者销售失效、变质的商品的。

(6) 销售的商品数量不足的。

(7) 服务的内容和费用违反约定的。

(8) 对消费者提出的修理、重作、更换、退货、补足商品数量、退还货款和服务费用或者赔偿损失的要求，故意拖延或者无理拒绝的。

(9) 法律、法规规定的其他损害消费者权益的情形。

(10) 经营者对消费者未尽到安全保障义务，造成消费者损害的，应当承担侵权责任。

2. 承担民事责任的形式

(1) 经营者提供商品或者服务，造成消费者或者其他受害人人身伤害的，应当赔偿医疗费、护理费、交通费等为治疗和康复支出的合理费用，以及因误工减少的收入。造成残疾的，还应当赔偿残疾生活辅助具费和残疾赔偿金。造成死亡的，还应当赔偿丧葬费和死亡赔偿金。

(2) 经营者侵害消费者的人格尊严、侵犯消费者人身自由或者侵害消费者个人信息依法得到保护的权利的，应当停止侵害、恢复名誉、消除影响、赔礼道歉，并赔偿损失。

(3) 经营者有侮辱诽谤、搜查身体、侵犯人身自由等侵害消费者或者其他受害人人身权益的行为，造成严重精神损害的，受害人可以要求精神损害赔偿。

(4) 经营者提供商品或者服务，造成消费者财产损害的，应当依照法律规定或者当事人约定承担修理、重作、更换、退货、补足商品数量、退还货款和服务费用或者赔偿损失等民事责任。

(5) 经营者以预收款方式提供商品或者服务的，应当按照约定提供。未按照约定提供的，应当按照消费者的要求履行约定或者退回预付款；并应当承担预付款的利息、消费者必须支付的合理费用。

(6) 依法经有关行政部门认定为不合格的商品，消费者要求退货的，经营者应当负责退货。

（7）经营者提供商品或者服务有欺诈行为的，应当按照消费者的要求增加赔偿其受到的损失，增加赔偿的金额为消费者购买商品的价款或者接受服务的费用的三倍；增加赔偿的金额不足500元的，为500元。法律另有规定的，依照其规定。

经营者明知商品或者服务存在缺陷，仍然向消费者提供，造成消费者或者其他受害人死亡或者健康严重损害的，受害人有权要求经营者依照《消费者权益保护法》第四十九条、第五十一条等法律规定赔偿损失，并有权要求所受损失二倍以下的惩罚性赔偿。

（二）侵害旅游消费者权益行为承担的行政责任

1.承担行政责任的范围

经营者违反有关法律、法规，不履行有关义务，就会受到国家行政机关的行政处罚。根据《消费者权益保护法》的有关规定，经营者承担行政责任的违法情形主要有以下内容。

（1）提供的商品或者服务不符合保障人身、财产安全要求的。

（2）在商品中掺杂、掺假，以假充真，以次充好，或者以不合格商品冒充合格商品的。

（3）生产国家明令淘汰的商品或者销售失效、变质的商品的。

（4）伪造商品的产地，伪造或者冒用他人的厂名、厂址，篡改生产日期，伪造或者冒用认证标志等质量标志的。

（5）销售的商品应当检验、检疫而未检验、检疫或者伪造检验、检疫结果的。

（6）对商品或者服务作虚假或者引人误解的宣传的。

（7）拒绝或者拖延有关行政部门责令对缺陷商品或者服务采取停止销售、警示、召回、无害化处理、销毁、停止生产或者服务等措施的。

（8）对消费者提出的修理、重作、更换、退货、补足商品数量、退还货款和服务费用或者赔偿损失的要求，故意拖延或者无理拒绝的。

（9）侵害消费者人格尊严、侵犯消费者人身自由或者侵害消费者个人信息依法得到保护的权利的。

（10）法律、法规规定的对损害消费者权益应当予以处罚的其他情形。

经营者有前款规定情形的，除依照法律、法规规定予以处罚外，处罚机关应当记入信用档案，向社会公布。

阅读案例

消费者的人格尊严不容侵犯

某日，方小姐到北京某大型超市购物，出来后被超市保安以偷窃为名强行拖回。保安用语言侮辱方小姐，并要强行搜身，后经民警核实，方小姐并未偷东西。然而，方小姐的精神受到严重伤害，除了母亲梅女士不敢接触任何人，被家人送到精神病院住院治疗，花费巨大。梅女士作为方小姐的监护人起诉超市，要求超市对已经发生的费用作出

项目五　旅游消费者权益保护法律制度

赔偿。经鉴定，方小姐的精神病与超市的搜身有因果关系。经法院调解，梅女士与超市达成调解，超市向方小姐支付包括精神抚慰金在内的各项赔偿金共计90万元人民币。

本案当中超市的工作人员侮辱诽谤、搜查身体、侵犯方小姐人身自由的行为严重侵害了方小姐作为一个消费者的人身权益，对其造成了严重的精神损害。方小姐可以根据《消费者权益保护法》的有关规定要求赔偿医疗费、护理费、交通费等为治疗和康复支出的合理费用，以及因误工减少的收入；造成残疾的，还应当赔偿残疾生活辅助具费和残疾赔偿金。同时，方小姐还可以根据《消费者权益保护法》的有关规定要求精神损害赔偿。超市的工作人员是履行超市的职务行为致使方小姐受到伤害的，应由超市承担民事赔偿责任。

2. 依法承担行政责任的形式

违反上述规定，除承担相应的民事责任外，其他有关法律、法规对处罚机关和处罚方式有规定的，依照法律、法规的规定执行；法律、法规未作规定的，由工商行政管理部门或者其他有关行政部门责令改正，可以根据情节单处或者并处警告、没收违法所得、处以违法所得1倍以上10倍以下的罚款，没有违法所得的，处以50万元以下的罚款；情节严重的，责令停业整顿、吊销营业执照。

（三）侵害旅游消费者权益行为承担的刑事责任

为更有效地保护消费者的合法权益，对那些侵犯消费者合法权益、造成严重后果的经营者或其他有关责任人，必须追究其刑事责任。根据《消费者权益保护法》，经营者有下列情形之一的，由司法机关依法追究刑事责任。

（1）经营者违反《消费者权益保护法》提供商品或者服务，侵害消费者合法权益，构成犯罪的，依法追究刑事责任。

（2）以暴力、威胁等方法阻碍有关行政部门工作人员依法执行职务的，依法追究刑事责任；拒绝、阻碍有关行政部门工作人员依法执行职务，未使用暴力、威胁方法的，由公安机关依照《中华人民共和国治安管理处罚法》的规定处罚。

（3）国家机关工作人员玩忽职守或者包庇经营者侵害消费者合法权益的行为的，由其所在单位或者上级机关给予行政处分；情节严重，构成犯罪的，依法追究刑事责任。

此外，为了更好地保障消费者的合法权益，经营者违反《消费者权益保护法》的规定，应当承担民事赔偿责任和缴纳罚款、罚金，其财产不足以同时支付的，先承担民事赔偿责任。

知识考查

1. _____和其他消费者组织是依法成立的对商品和服务进行社会监督的保护消费者合法权益的社会组织。

任务三　认知旅游消费争议的解决及法律责任

2. ＿＿＿＿＿＿＿＿是指旅游消费者与旅游经营者之间，因旅游消费者权益问题而发生的纠纷。

3. 消费者在购买、使用商品时，其合法权益受到损害的，可以向＿＿＿＿＿＿＿＿要求索赔。

4. 消费者或者其他受害人因商品缺陷致使人身、财产受到损害的，既可以向＿＿＿＿＿＿＿＿要求赔偿，也可以向＿＿＿＿＿＿＿＿要求赔偿。

5. 简述国家对旅游消费者权益的保护。
_____
_____
_____
_____

6. 简述旅游消费者权益争议的解决途径。
_____
_____
_____
_____

7. 简述侵害旅游消费者权益行为民事责任的范围。
_____
_____
_____
_____

8. 简述侵害旅游消费者权益行为行政责任的范围。
_____
_____
_____
_____
_____

课外实践

搜集资料，了解消费者在维护自己合法权益时遇到的问题和消费者关心的解决措施，为消费者维权提出建议。

项目五　旅游消费者权益保护法律制度

项目总结

在旅游活动中，旅游者自然而然就是为生活需要而购买、使用旅行社等旅游经营者提供的旅游产品或接受旅游服务的消费者，即旅游消费者。旅游经营者是指从事旅游产品的销售和营业性服务，为旅游者提供旅游服务的单位和个人。

旅游消费者权益是旅游者在旅游活动中依照旅游法律、法规和制度享有的权利和应得利益。

消费者权益保护法是调整国家机关、经营者、消费者相互之间保护消费者利益而产生的社会关系的法律规范的总称。

旅游消费者的基本权利包括安全保障权、知悉真情权、自主选择权、公平交易权、获得赔偿权、依法结社权、知识获取权、维护尊严权、批评监督权。

旅游经营者的义务包括依法或按约履行义务，听取意见和接受监督，保障人身和财产的安全，提供真实信息，出具购物凭证或服务单据，保证商品和服务的质量，售后服务的义务，保证公平交易，尊重消费者的人身权，合法收集、使用消费者个人信息。

国家保护消费者的合法权益不受侵害。国家采取措施，保障消费者依法行使权利，维护消费者的合法权益。

消费者协会和其他消费者组织是依法成立的对商品和服务进行社会监督的保护消费者合法权益的社会组织。

旅游消费者权益争议是指旅游消费者与旅游经营者之间，因旅游消费者权益问题而发生的纠纷。《消费者权益保护法》规定了消费者权益争议解决的途径和责任赔偿主体。

通过本项目的学习与实训，写下你的收获。

自我小结：

_____
_____
_____
_____
_____

教师评价：

_____
_____
_____
_____
_____

项目六

旅游安全管理与旅游保险法律制度

项目引言

旅游安全是旅游业的生命线，不仅关系旅游者的生命财产，而且关系旅游目的地的整体形象，是旅游经济稳定运行的重要保障，是坚持"以人为本"安全理念的必然要求。随着旅游活动规模的急剧扩大，以及散客自助旅游、探险旅游等旅游形式的蓬勃发展，影响旅游安全的因素日趋复杂化，旅游安全事故呈现出高发态势。旅游安全事故频繁发生，使其成为影响旅游业持续发展的一个核心因素。

旅游各环节的风险如果得不到及时的预防、转移，不仅游客的人身伤害和财产损失得不到补偿，而且会给旅行社带来沉重的经济负担，甚至还会影响整个行业的声誉和社会的和谐稳定。开办旅游保险，发挥保险业的安全保障作用，能化解旅游市场的纠纷和矛盾，维护旅游者和旅行社的合法权益，促进保险业和旅游业又好又快地发展。

项目导航

项目六 旅游安全管理与旅游保险法律制度

- 任务一 认知旅游安全管理法律制度
  - 一、旅游安全与旅游安全管理
  - 二、旅游安全管理工作职责
  - 三、旅游突发事件处理

- 任务二 认知旅游保险法律制度
  - 一、旅游保险的定义与类型
  - 二、旅游保险合同概述
  - 三、旅游保险合同双方当事人的权利与义务

- 任务三 认知旅行社投保旅行社责任保险
  - 一、旅行社投保旅行社责任保险的概念
  - 二、旅行社责任保险的投保范围和除外责任
  - 三、旅行社责任保险的保险期限和保险金额
  - 四、旅行社责任保险的投保和索赔

项目六　旅游安全管理与旅游保险法律制度

案例导入

叶某于2018年5月29日与甲旅行社签署旅游合同，由甲旅行社组织叶某前往四川九寨沟等地旅游。2018年6月12日，在甲旅行社安排下，叶某在九寨沟风景区游览时，旅行社未尽危险告知和安全保障义务，致使叶某行走时掉入路边石坑，造成骨折，住院治疗，后叶某经司法鉴定机构鉴定构成十级伤残。

叶某认为，甲旅行社是本次旅游活动的承揽者和组织者，自己受伤致残是因为甲旅行社未尽到危险告知和安全保障义务，未向自己作出明确的警示、未采取合理必要的措施防止危害发生，因此应当承担相应的法律责任。叶某多次向甲旅行社要求支付医药费用于治疗，但甲旅行社一直借故拖延。

思考：

本案例中，甲旅行社是否承担赔偿责任？请说明理由。

任务一　认知旅游安全管理法律制度

任务目标

1. 了解旅游安全与旅游安全管理的定义，以及相关立法；
2. 了解旅游行政机关安全管理工作职责，了解旅游企业安全管理工作职责；
3. 理解旅游突发事件的含义与分级，掌握旅游突发事件的一般处理程序。

相关知识

一、旅游安全与旅游安全管理

旅游安全是对旅游活动处于平衡、稳定、正常发展状态的统称。旅游安全管理是指面向整个旅游行业，通过提高旅游行业的安全管理水平，预防和减少旅游突发事件，以保障旅游者和旅游从业人员的人身、财产安全，保障旅游企业安全运营为目标的各项工作的统称。

我国历来重视旅游安全，通过立法和采取相关措施保障旅游业健康发展。1990 年 2 月 20 日，国务院旅游主管部门发布了《旅游安全管理暂行办法》，此后相继发布一系列配套或相关规范性文件，初步形成旅游安全管理的基本制度。

2013 年出台的《旅游法》中将旅游安全单设一章，使旅游安全管理规范日趋完善，为构建我国旅游安全管理制度体系提供了法律依据和基础。

2016 年 9 月 27 日，为了加强旅游安全管理，提高应对旅游突发事件的能力，保障旅游者的人身、财产安全，促进旅游业持续健康发展，国务院旅游主管部门公布了同年 12 月 1 日起施行的《旅游安全管理办法》。《旅游安全管理办法》分为总则、经营安全、风险提示、安全管理、罚则和附则六章，基本覆盖了旅游安全管理的各项工作。

二、旅游安全管理工作职责

旅游安全管理工作应遵循"统一指导、分级管理、以基层为主"的原则，即旅游安全管理工作实行在国务院旅游管理部门的统一领导下，各级旅游行政管理部门分级管理的体制。各级旅游行政管理部门必须建立和完善旅游安全管理机构，依法保护旅游者的人身、财物安全。

（一）旅游行政机关安全管理工作职责

1. 国家旅游管理部门安全管理工作职责

（1）制定国家旅游安全管理规章，并组织实施。

（2）会同国家有关部门对旅游安全实行综合治理，协调处理旅游安全事故和其他安全问题。

（3）指导、检查和监督各级旅游行政管理部门和旅游企事业单位的旅游安全管理工作。

（4）负责全国旅游安全管理的宣传、教育工作，组织旅游安全管理人员的培训工作。

（5）协调重大旅游安全事故的处理工作。

（6）负责全国旅游安全管理方面的其他有关事项。

2. 县级以上（含县级）地方旅游管理部门安全管理工作职责

（1）贯彻执行国家旅游安全法规。

（2）制定本地区旅游安全管理的规章制度，并组织实施。

（3）协同工商、公安、卫生等有关部门，对新开业的旅游企事业单位的安全管理机构、规章制度及其消防、卫生防疫等安全设施、设备进行检查，参加开业前的验收工作。

（4）协同公安、卫生、园林等有关部门，开展旅游安全环境的综合治理工作，防止向旅游者敲诈、勒索、围堵等不法行为的发生。

（5）组织和实施对旅游安全管理人员的宣传、教育和培训工作。

（6）参与旅游安全事故的处理工作。

（7）受理本地区涉及旅游安全问题的投诉。

（8）负责本地区旅游安全管理的其他事项。

（二）旅游企业安全管理工作职责

旅行社、旅游饭店、旅游汽车和游船公司、旅游购物商店、旅游娱乐场所和其他经营旅游业务的企事业单位，是旅游安全工作的基层单位。旅游企业安全管理工作职责主要有以下几个方面。

（1）设立安全管理机构，配备安全管理人员。

（2）建立安全规章制度，并组织实施。

（3）建立安全管理制度，将安全管理责任落实到每个部门、每个岗位、每个职工。

（4）接受当地旅游行政管理部门对旅游安全管理工作的行业管理、检查和监督。

（5）把安全教育、职工培训制度化、经常化，培养职工的安全意识，普及安全常识，提高安全技能，对新招聘的职工，须经过安全培训，合格后才能安排上岗。

（6）新开业的旅游企事业单位，在开业前须向当地旅游行政管理部门申请对安全设施设备、安全管理机构、安全规章制度的检查验收，检查验收不合格者，不得开业。

（7）坚持日常的安全检查工作，重点检查安全规章制度的落实情况和安全管理漏洞，及时消除安全隐患。

（8）对用于接待旅游者的汽车、游船和其他设施，要定期进行维修和保养，使其始终处于良好的安全状况，在运营前进行全面检查，严禁带故障运行。

（9）对旅游者的行李要有完备的交接手续，明确责任，防止损坏或丢失。

（10）在安排旅游团队的游览活动时，要认真考虑可能影响安全的诸项因素。制订周密的行程计划，并注意避免司机处于过度疲劳状态。

（11）直接参与处理涉及本单位的旅游安全事故，包括事故处理、善后处理和赔偿事项等。

（12）开展登山、汽车、狩猎、探险等特殊旅游项目时，要事先制定周密的安全保护预案和急救措施，重要团队须按规定上报有关部门审批。

三、旅游突发事件处理

（一）旅游突发事件的含义与等级

旅游突发事件是指突然发生，造成或者可能造成旅游者人身伤亡、财产损失，需要采取应急处置措施予以应对的自然灾害、事故灾难、公共卫生事件和社会安全事件。

旅游突发事件一般分为特别重大、重大、较大和一般四级。

1. 特别重大旅游突发事件

（1）造成或者可能造成人员死亡（含失踪）30人以上或者重伤100人以上。

（2）旅游者500人以上滞留超过24小时，并对当地生产生活秩序造成严重影响。

（3）其他在境内外产生特别重大影响，并对旅游者人身、财产安全造成特别重大威胁的事件。

2. 重大旅游突发事件

（1）造成或者可能造成人员死亡（含失踪）10人以上、30人以下或者重伤50人以上、100人以下。

（2）旅游者200人以上滞留超过24小时，对当地生产生活秩序造成较严重影响。

（3）其他在境内外产生重大影响，并对旅游者人身、财产安全造成重大威胁的事件。

3. 较大旅游突发事件

（1）造成或者可能造成人员死亡（含失踪）3人以上10人以下或者重伤10人以上、50人以下。

（2）旅游者50人以上、200人以下滞留超过24小时，并对当地生产生活秩序造成较大影响。

（3）其他在境内外产生较大影响，并对旅游者人身、财产安全造成较大威胁的事件。

4. 一般旅游突发事件

（1）造成或者可能造成人员死亡（含失踪）3人以下或者重伤10人以下。

（2）旅游者50人以下滞留超过24小时，并对当地生产生活秩序造成一定影响。

（3）其他在境内外产生一定影响，并对旅游者人身、财产安全造成一定威胁的事件。

（二）旅游突发事件的一般处理程序

1. 旅游经营者

根据《旅游安全管理办法》的规定，旅游突发事件发生后，旅游经营者及其现场人员应当采取合理、必要的措施救助受害旅游者，控制事态发展，防止损害扩大。

旅游经营者应当按照履行统一领导职责或者组织处置突发事件的人民政府的要求，配合其采取的应急处置措施，并参加所在地人民政府组织的应急救援和善后处置工作。

旅游突发事件发生在境外的，旅行社及其领队应当在中国驻当地使领馆或者政府派出机构的指导下，全力做好突发事件应对处置工作。

旅游突发事件发生后，旅游经营者的现场人员应当立即向本单位负责人报告，单位负责人接到报告后，应当于1小时内向发生地县级旅游主管部门、安全生产监督管理部门和负有安全生产监督管理职责的其他相关部门报告；旅行社负责人应当同时向单位所在地县级以上地方旅游主管部门报告。

情况紧急或者发生重大、特别重大旅游突发事件时，现场有关人员可直接向发生地、旅行社所在地县级以上旅游主管部门、安全生产监督管理部门和负有安全生产监督管理职责的其他相关部门报告。

旅游突发事件发生在境外的，旅游团队的领队应当立即向当地警方、中国驻当地使领馆或者政府派出机构，以及旅行社负责人报告。旅行社负责人应当在接到领队报告后1小时内，向单位所在地县级以上地方旅游主管部门报告。

2. 旅游主管部门

旅游突发事件发生后，发生地县级以上旅游主管部门应当根据同级人民政府的要求和有关规定，启动旅游突发事件应急预案，并采取下列一项或者多项措施。

（1）组织或者协同、配合相关部门开展对旅游者的救助及善后处置，防止次生、衍生事件。

（2）协调医疗、救援和保险等机构对旅游者进行救助及善后处置。

（3）按照同级人民政府的要求，统一、准确、及时发布有关事态发展和应急处置工作的信息，并公布咨询电话。

旅游突发事件发生后，发生地县级以上旅游主管部门应当根据同级人民政府的要求和有关规定，参与旅游突发事件的调查，配合相关部门依法对应当承担事件责任的旅游经营者及其责任人进行处理。

各级旅游主管部门应当建立旅游突发事件报告制度。旅游主管部门在接到旅游经营者依据《旅游安全管理办法》第十五条规定的报告后，应当向同级人民政府和上级旅游主管部门报告。一般旅游突发事件上报至设区的市级旅游主管部门；较大旅游突发事件逐级上报至省级旅游主管部门；重大和特别重大旅游突发事件逐级上报至文化和旅游部。

知识考查

1. _____是对旅游活动处于平衡、稳定、正常发展状态的统称。

2. 2016年9月27日，为了加强旅游安全管理，提高应对旅游突发事件的能力，保障旅游者的人身、财产安全，促进旅游业持续健康发展，国务院旅游主管部门公布了_____。

3. 旅游安全管理工作应遵循"_____"的原则。

4. _____是指突然发生，造成或者可能造成旅游者人身伤亡、财产损失，需要采取应急处置措施予以应对的自然灾害、事故灾难、公共卫生事件和社会安全事件。

5. 简述旅游突发事件的等级划分。

_____

_____

_____

任务二　认知旅游保险法律制度

任务目标

1. 理解旅游保险的定义，了解旅游合同的常见类型；
2. 理解旅游保险合同的定义，了解旅游保险合同的常见形式，知晓旅游保险合同的主要条款；
3. 了解旅游保险合同双方当事人的权利与义务。

相关知识

一、旅游保险的定义与类型

（一）旅游保险的定义

旅游保险是保险人对被保险人在旅游过程中发生保险合同约定的事故而造成人身伤亡或财产损失承担赔偿保险金的商业保险行为。

投保人是指与保险人订立保险合同并按照合同约定负有支付保险费义务的人。

保险人是指与投保人订立保险合同并按照合同约定承担赔偿或者给付保险金责任的保险公司。

被保险人是指其财产或者人身受保险合同保障享有保险金请求权的人。

投保人交纳的一定费用，称为保险费。投保人要求保险人保证安全的财物或人身，称为保险对象。投保人要求保险的时间，称为保险期间。投保人在保险期间遇到的自然灾害和意外事故，称为保险责任。

（二）旅游保险的类型

目前，游客投保较多的主要有旅游意外伤害保险、旅游人身意外伤害保险、旅游救助保险、旅游求援保险、住宿旅客人身保险等。

1. 旅游意外伤害保险

旅游意外伤害保险主要为游客在乘坐交通工具出行时提供风险防范服务，比较适合乘坐汽车、飞机、轮船等交通工具进行出游的游客，从检票进站或中途上车上船起，至检票出站或中途下车下船止，在保险有效期内因意外事故导致无法预计的后果时，保险公司除按规定支付医疗费外，还会向遭受意外的投保人家属支付全数、半数或部分保险金额。

2. 旅游人身意外伤害保险

《旅游法》第六十一条规定："旅行社应当提示参加团队旅游的旅游者按照规定投保人身意外伤害保险。"目前多数保险公司已开设这一险种，对在旅行游玩过程中发生的意外事故进行赔付。这种保险非常适合户外旅行者。参加一些探险游、生态游、惊险游或者极限运动时，旅客可以选择购买旅游人身意外伤害保险。

3. 旅游救助保险

及时救助是旅游救助保险的最大特色，它将传统保险公司的一般事后理赔向前延伸，变为事故发生时提供及时有效的救助。因此，非常适合长假期间和亲朋好友自驾游旅行。遇到汽车抛锚或者交通事故，就可以尽快通知保险公司进行处理，不会耽误旅行日程和安排。

4. 旅游求援保险

旅游求援保险对于出国旅游十分合适。有了它的保障，旅游者一旦发生意外事故或者由于不谙当地习俗法规引起了法律纠纷，只要拨打电话，就会获得无偿救助。

5. 住宿旅客人身保险

住宿旅客人身保险这一险种适合在酒店或旅馆进行投宿的游客。旅客因遭意外事故、外来袭击或随身携带物品遭盗窃、抢劫等而丢失的，保险公司按不同标准支付保险金。

在保险期内，旅客因遭意外事故、外来袭击、谋杀或为保护自身或他人生命财产安全而致死亡、残废或身体机能丧失，或随身携带物品遭盗窃、抢劫等而丢失的，保险公司按不同标准支付保险金。

二、旅游保险合同概述

（一）旅游保险合同的定义

保险合同是投保人与保险人约定保险权利和义务关系的协议。

旅游保险合同是投保人与保险人约定在旅游活动中的保险权利和义务关系的协议，是指旅游保险关系双方当事人之间签订的一方缴纳保险费，另一方在保险标的遭受法律规定或者当事人约定的保险事故时承担经济补偿责任或者履行给付义务的一种协议。

（二）旅游保险合同的常见形式

旅游保险合同应采取书面形式。在我国，其常见形式有以下两种。

1. 保险单

保险单是由投保人与保险人共同签订的有关旅游保险事项的书面协议。这种形式的主要特点是，协议双方当事人必须在同一张保险合同单上签名盖章，方才有效。

保险单的条款包括：①保险单上印定的条款，即在原保险单上印成的基本条款；②附贴的条款，即在原保险单上用粘贴的方法附加的条款；③书写的条款，即在原保险单上用书写或打字的方法附加的条款。

上述几种条款都有同样的效力。但是，当这些条款出现矛盾时，首先要依据书写的附加条款；其次依据打字的附加条款；再次依据粘贴的附加条款；最后依据基本条款。

2. 保险凭证

保险凭证是一种简单化的保险单，目前广泛用于旅游交通运输保险和其他旅游游览保险。如火车票、汽车票、飞机票及轮船票等，既是旅客乘车乘船乘机的凭证，又是旅客参加旅行保险的凭证。采用这种保险形式比较简单，但必须以运输部门或旅游部门同保险部门签订的保险合同为基础，并经过保险部门认可，才有保险效力。

在旅游合同中，旅游保险合同当事人采用记名与不记名两种形式。一般而言，双方共同签署的合同和保险单形式的保险合同都采用记名的形式，记有保险公司的名称和投保人、被保险人和受益人的姓名。票证形式的保险合同，除飞机票需要记载旅客姓名外，其他票证都不记被保险人的姓名，受益人依法律规定确定。在旅游保险合同中，记名的与不记名的合同具有同样的效力。

（三）旅游保险合同的主要条款

根据法律规定，旅游保险合同的主要条款一般应包括：①保险人的名称和住所；②投保人、被保险人的名称和住所，以及人身保险的受益人的名称和住所；③保险标的；④保险责任和责任免除；⑤保险期间和保险责任开始时间；⑥保险价值；⑦保险金额；⑧保险费及支付办法；⑨保险金赔偿或者给付办法；⑩违约责任和争议处理；⑪订立合同的年、月、日。

另外，订立旅游保险合同，保险人应当向投保人说明合同条款的内容，并可以就保险标的或者被保险人的有关情况提出询问，投保人应当如实告知。保险人还可以与投保人共同商定保险合同的具体内容。

三、旅游保险合同双方当事人的权利与义务

（一）投保人的权利和义务

（1）投保人应该根据旅游保险合同约定的数额和期限缴纳保险费。如果投保人不缴纳保险费，保险人可终止保险合同，若延期缴纳保险费，保险人有权要求补缴，并加收延期部分的利息。

（2）发生旅游保险事故时，投保人有义务尽力保护、抢救保险标的，对于因此而支付的合理费用，有权要求保险人进行赔偿，否则，对于扩大的损失部分，保险人不承担赔偿责任。

（3）当旅游保险事故是由第三人的行为造成时，若旅游保险标的是旅游者的行李物品，投保人应当向第三人要求赔偿。如果没有约定，先予赔偿。但是，投保人必须将向第三人追偿的权利转让给保险人，并有义务协助保险人向第三人追偿；若旅游保险标的是旅游者的生命、健康，当投保人从保险人处取得保险金后，仍然有向第三人要求返还赔偿的权利。同时，保险人也不得因支付保险金而取得代位请求权。

（二）保险人的权利和义务

（1）除非法律、合同中事先另有规定或约定，否则保险人不得在保险期内擅自解除旅游保险合同。

（2）保险人有权按照法律的规定或合同的约定，收取保险费，当发生旅游保险事故时，保险人有义务及时支付保险金，逾期偿付应承担违约责任。

知识考查

1. _____是保险人对被保险人在旅游过程中发生保险合同约定的事故而造成人身伤亡或财产损失承担赔偿保险金的商业保险行为。

2. _____是指旅游保险关系双方当事人之间签订的一方缴纳保险费，另一方在保险标的遭受法律规定或者当事人约定的保险事故时承担经济补偿责任或者履行给付义务的一种协议。

3. 旅游保险合同应采取_____。

4. _____是由投保人与保险人共同签订的有关旅游保险事项的书面协议。

5. 简述旅游保险的常见形式。

_____
_____
_____
_____

6. 简述旅游保险合同的主要条款

_____
_____
_____
_____

任务三　认知旅行社投保旅行社责任保险

任务目标

1. 理解旅行社责任保险的概念，以及相关立法；
2. 掌握旅行社责任保险的投保范围和除外责任；
3. 掌握旅行社责任保险的保险期限和保险金额；
4. 了解旅行社责任保险的投保和索赔。

旅行社责任保险

相关知识

一、旅行社投保旅行社责任保险的概念

旅行社投保旅行社责任保险（简称旅行社责任保险），即旅行社与保险人的合同约定，

保险人对旅行社在从事旅游业务经营活动中，因旅行社责任造成旅游者人身、财产损害情形时，由保险人承担保险金赔偿的保险行为。

为保障旅游者和旅行社的合法权益，促进旅游业的健康发展，根据《旅行社管理条例》和《中华人民共和国保险法》（以下简称《保险法》），国家旅游局于2001年5月15日发布了《旅行社投保旅行社责任保险规定》，自2001年9月1日起施行。根据该规定，旅行社从事旅游业务经营活动，必须投保旅行社责任保险。

二、旅行社责任保险的投保范围和除外责任

（一）旅行社责任保险的投保范围

依据《旅行社投保旅行社责任保险规定》，旅行社应当对旅行社一方承担的下列责任投保旅行社保险。

（1）旅游者人身伤亡赔偿责任。

（2）旅游者因治疗支出的交通、医药费赔偿责任。

（3）旅游者死亡处理和遗体遣返费用赔偿责任。

（4）对旅游者必要的施救费用，包括必要时近亲属探望需支出的合理的交通、食宿费用，随行未成年人的送返费用，旅行社人员和医护人员前往处理的交通、食宿费用，行程延迟需支出的合理费用等赔偿责任。

（5）旅游者行李物品的丢失、损坏或被盗所引起的赔偿责任。

（6）由于旅行社责任争议引起的诉讼费用。

（7）旅行社与保险公司约定的其他赔偿责任。

（二）旅行社责任保险的除外责任

依据《旅行社投保旅行社责任保险规定》，有下列情形之一的，旅行社不承担赔偿责任。

（1）旅游者参加旅行社组织的旅游活动，应保证自身身体条件能够完成旅游活动；旅游者在旅游行程中，由自身疾病引起的各种损失或损害，旅行社不承担赔偿责任。

（2）旅游者参加旅行社组织的旅游活动，应当服从导游或领队的安排，在行程中注意自身和随行未成年人的安全，妥善保管所携带的行李、物品；由于旅游者个人过错导致的人身伤亡和财产损失，以及由此导致其支出的各种费用，旅行社不承担赔偿责任。

（3）旅游者在自行终止旅行社安排的旅游行程后，或不参加双方约定的活动而自行活动的时间内发生的人身、财产损害，旅行社不承担赔偿责任。

拓展阅读

旅游意外险和旅行社责任险

旅游意外险和旅行社责任险是两个完全不同的险种。

（1）投保人不同。旅游意外险的投保人是旅游者，主要承保旅行期间游客本人发生的意外事故，旅行社只是代收代缴保险费，相当于代理人。旅行社责任险的投保人就是旅行社，也就是旅行社为自己投保，投保人、被保险人、受益人均为旅行社。

（2）被保险人不同。保险事故发生后，旅游者享有"意外险"的保险金请求权，即保险公司直接赔付给旅游者本人；旅行社享有"责任险"保险金请求权，保险公司就约定金额向旅行社支付保险金，但旅行社仍要履行对旅游者的赔偿责任。

（3）投保范围不同。旅游意外保险的赔偿范围包括旅游者在旅游期间发生意外事故而引起的下列赔偿：人身伤亡、急性病死亡引起的赔偿；受伤和急性病治疗支出的医药费；死亡处理或遗体遣返所需的费用；旅游者所携带的行李物品丢失、损坏或被盗所需的赔偿；第三者责任引起的赔偿。旅行社责任保险的范围包括书中讲过的几项。

三、旅行社责任保险的保险期限和保险金额

（一）旅行社责任保险的保险期限

旅行社责任保险的保险期限为1年。

（二）旅行社责任保险的保险金额

旅行社办理旅行社责任保险的保险金额不得低于下列标准：国内旅游每人责任赔偿限额人民币8万元；入境旅游、出境旅游每人责任赔偿限额人民币16万元；国内旅行社每次事故和每年累计责任赔偿限额人民币200万元；国际旅行社每次事故和每年累计责任赔偿限额人民币400万元。

旅行社组织高风险旅游项目可另行与保险公司协商投保附加保险事宜。

四、旅行社责任保险的投保和索赔

（一）旅行社责任保险的投保

（1）旅行社投保旅行社责任保险，必须在境内经营责任保险的保险公司投保。

（2）旅行社应当按照《保险法》规定的保险合同内容，与承保保险公司签订书面合同。

（3）旅行社投保旅行社责任保险采取按年度投保的方式，向保险公司办理本年度的投保手续。

（二）旅行社责任保险的索赔

（1）旅行社对保险公司请求赔偿或者给付保险金的权利，自其知道保险事故发生之日起两年不行使而消灭。

（2）旅行社投保旅行社责任保险的保险费，不得在销售价格中单独列项。

（3）在保险期限内发生保险责任范围内的事故时，旅行社应及时取得事故发生地公安、医疗、承保保险公司或其分、支公司等单位的有效凭证，向承保保险公司办理理赔事宜。

知识考查

1. 旅行社责任保险是_____与保险人的合同约定，保险人对_____在从事旅游业务经营活动中，因_____造成旅游者人身、财产损害情形时，由保险人承担保险金赔偿的保险行为。

2. 为保障旅游者和旅行社的合法权益，促进旅游业的健康发展，国家旅游局于2001年5月15日发布了_____。

3. 旅行社责任保险的保险期限为_____年。

4. 旅行社责任保险的保险金额不得低于下列标准：国内旅游每人责任赔偿限额_____；入境旅游、出境旅游每人责任赔偿限额_____；国内旅行社每次事故和每年累计责任赔偿限额_____；国际旅行社每次事故和每年累计责任赔偿限额_____。

5. 简述旅行社责任保险的投保范围。
_____
_____
_____
_____

6. 简述旅行社责任保险的索赔。
_____
_____
_____
_____

课外实践

学生分组，通过网络搜索，实地考察本地某个旅游景点，尝试结合所学安全管理知识，制定一份较为完善的旅游景区安全管理制度。

项目总结

旅游安全是对旅游活动处于平衡、稳定、正常发展状态的统称。旅游安全管理是指面向整个旅游行业，通过提高旅游行业的安全管理水平，预防和减少旅游突发事件，以保障旅游者和旅游从业人员的人身、财产安全，保障旅游企业安全运营为目标的各项工作的统称。

旅游安全管理工作应遵循"统一指导、分级管理、以基层为主"的原则，即旅游安全管理工作实行在国务院旅游管理部门的统一领导下，各级旅游行政管理部门分级管理的体制。

旅游突发事件是指突然发生，造成或者可能造成旅游者人身伤亡、财产损失，需要采取应急处置措施予以应对的自然灾害、事故灾难、公共卫生事件和社会安全事件。

旅游保险是保险人对被保险人在旅游过程中发生保险合同约定的事故而造成人身伤亡或财产损失承担赔偿保险金的商业保险行为。目前，游客投保较多的主要有旅游意外伤害保险、旅游人身意外伤害保险、旅游救助保险、旅游求援保险、住宿旅客人身保险等。

旅游保险合同是指旅游保险关系双方当事人之间签订的一方缴纳保险费，另一方在保险标的遭受法律规定或者当事人约定的保险事故时承担经济补偿责任或者履行给付义务的一种协议。旅游保险合同应采取书面形式。

旅行社责任保险，即旅行社与保险人的合同约定，保险人对旅行社在从事旅游业务经营活动中，因旅行社责任造成旅游者人身、财产损害情形时，由保险人承担保险金赔偿的保险行为。旅行社从事旅游业务经营活动，必须投保旅行社责任保险。

通过本项目的学习与实训，写下你的收获。

自我小结：

项目六　旅游安全管理与旅游保险法律制度

教师评价：

项目七

旅游交通运输管理法律制度

项目引言

旅游交通是指向旅游者提供从居住地到旅游地空间移位的一种服务性经济活动。旅游交通包括航空运输、铁路运输、公路运输、水路运输等。随着现代旅游业广泛发展，旅游交通运输业也得到了发展。为保障铁路、民航、公路、水路运输和建设的顺利进行，适应社会主义现代化建设和人民生活需要，国家先后颁布了《中华人民共和国铁路法》《中华人民共和国民用航空法》等法律法规，为我国旅游交通依法管理打下了基础。

项目导航

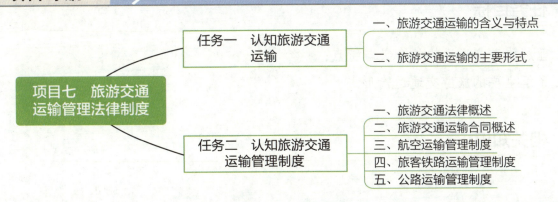

案例导入

南京市民李小英与南京钟山A旅行社签订了《××省出境旅游合同》，其中约定，李小英和75岁的母亲王某共同参加由A旅行社提供的新马泰旅游服务，由A旅行社提供往返飞机和当地旅行车辆接送等交通服务，另约定，由A旅行社替李小英和王招娣代办人身意外险、航空意外险等保险。合同签订后，李小英缴纳了包括旅游团费、保险费以及其他费用等共计9 140元人民币。

12月21日出发，A旅行社却通知李小英说，她和母亲将跟随B旅行社组织的旅游团踏上旅途。12月26日，李小英和王某在泰国游玩，当日深夜23时左右，当乘坐旅游车由景点返回曼谷的途中汽车侧翻，李小英的母亲当场死亡。

项目七 旅游交通运输管理法律制度

2011年1月6日，泰国方面赔付共计66万泰铢，合3.2万余元人民币。然而李小英一家人准备向出国前投保的C保险公司理赔时，发现旅行社竟没投保。几经交涉无果后，2011年年初，李小英姐弟将A旅行社告上法庭。B旅行社被原告列为第三人。同时被列为第三人的还有为A旅行社承保旅客人身意外险、航空意外险等人身意外险的C保险公司。

思考：
两家旅行社应当承担什么责任？请说明理由。

任务一 认知旅游交通运输

任务目标

1. 理解旅游交通运输的含义与特点；
2. 了解主要的旅游交通运输形式。

相关知识

一、旅游交通运输的含义与特点

（一）旅游交通运输的含义

旅游交通运输，是指在旅游行程中，为旅游者及其行李物品由客源地或出发地到旅游目的地的城际往返、旅游目的地各处、旅游景区各景点旅游活动地域的间际移动提供交通运输与设施及服务的转移行为。

（二）旅游交通运输的特点

1. 游览性

旅游交通运输的一个突出特点在于其游览性，在线路安排上，十分注意将各旅游景区、景点连接起来,以便旅游者在旅游中游览多个景点、领略沿途风景。例如,长江三峡的旅游船,经停的旅游景点很多,而且有较长的游览时间,保证旅游者沿途观光的目的。

2. 舒适性

旅游交通运输的舒适性,突出体现在一些国际旅游专列和巨型远洋游船上。在这些旅游交通工具上,不仅拥有星级客房、风味餐厅,还有各类娱乐、健身设施。

3. 季节性

一般而言,旅游业随着季节的变化有旺季、淡季之分,因此,旅游交通运输也有旺季、淡季之分。旅游旺季、节假日期间,交通运输量急剧增加,求大于供;而在旅游淡季,交通运输量明显下降,供大于求。

二、旅游交通运输的主要形式

(一)旅游航空运输

1. 航空运输的定义

航空运输是指公共航空运输企业使用民用航空器经营的旅客、行李或者货物的运输。这里所说的民用航空器,是指除用于执行军事、海关、警察飞行任务以外的航空器。

2. 航空运输的类型

航空运输分为国内航空运输和国际航空运输两种。

(1)国内航空运输,是指根据当事人订立的航空运输合同,运输的出发地点、约定的经停地点和目的地点均在中华人民共和国境内的运输。

(2)国际航空运输,是指根据当事人订立的航空运输合同,无论运输有无间断或者有无转运,运输的出发地点、目的地点或者约定的经停地点之一不在中华人民共和国境内的运输。

3. 旅游航空运输

旅游航空运输是指以旅游者为运输对象的航空交通。目前的旅游航空运输,现阶段主要表现为普通航空客运与旅游包机运输。

(二)旅游铁路运输

旅游铁路运输是指在陆地上以两条平行铁道路轨运输的交通方式。

旅游铁路运输一般可概括为以下两种。

(1)广义旅游铁路运输:凡为完成旅游乘客运输、旅游行李包裹运输和特定旅游运输等

项目七 旅游交通运输管理法律制度

任务的运输形式。

（2）狭义旅游铁路运输：假日列车、旅游列车、旅游专列，直达特快旅客列车等。

阅读案例

旅行社的解释合理吗

何某参加了某旅行社组织的赴桂林的旅游，合同上注明是空调双卧旅游专列，但何某实际上乘坐的是非空调旅游专列。旅行社的解释是由于恰逢"黄金周"，空调车紧张，铁路部门只能提供非空调车，旅行社也没有办法。旅行社还解释说反正天气不热，有没有空调无所谓，让大家将就一下。何某等对旅行社的做法很不满意，要求旅行社退还空调车与非空调车的票价差额，遭到旅行社的拒绝。旅行社认为违约的是铁路部门，旅行社也是受害者，如果大家坚持要退差额，应找铁路部门，不应找旅行社。

旅游者是与旅行社签订合同，不是与铁路部门签合同，旅行社理应主动退还空调车与非空调车的票价差额，然后再向铁路部门索赔。

（三）旅游公路客运

公路运输是指用客车运送旅客、为社会公众提供服务、具有商业性质的道路客运活动，包括班车（加班车）客运、包车客运、旅游客运。

旅游公路运输是指利用国道、省道、县道和乡道，用客车运送旅游者、行李、包裹，为旅游者提供旅游运输服务、具有旅游商业性质的道路交通运输活动。

旅游公路运输的类型主要为旅游班车客运、旅游包车客运、旅游客运。

（1）旅游班车客运，是指营运客车在城乡道路上按照固定的旅游线路、时间、站点、班次运行的一种客运方式。

（2）旅游包车客运，是指以运送团体旅客为目的，将客车包租给旅行社或旅游团安排使用，并按照旅游行程约定的起始地、目的地和路线行驶，提供驾驶劳务，按行驶里程或包用时间计费，且统一支付费用的一种客运方式。

（3）旅游客运，是指以运送旅游观光的旅客为目的，在旅游景区内运营或者其线路至少有一端在旅游景区（点）的一种客运方式。

旅游公路运输按照营运方式，也可以分为定线旅游客运和非定线旅游客运。

（四）旅游水路客运

旅游水路客运，是指接受旅游者，或承运人的委托，以委托人的名义，为委托人办理旅客运输及其他相关服务，并收取费用的运输经营活动。

从事国内水路运输的企业和个人，在核定的经营范围内从事水路运输经营活动，并应依法具有相应的经营资质条件，且不得转让或者变相转让水路运输经营资质。

知识考查

1. _____是指在旅游行程中，为旅游者及其行李物品由客源地或出发地到旅游目的地的城际往返、旅游目的地各处、旅游景区各景点旅游活动地域的间际移动提供交通运输与设施及服务的转移行为。

2. 航空运输是指公共航空运输企业使用_____经营的旅客、行李或者货物的运输。航空运输分为_____和_____两种。

3. 旅游航空运输是指以_____为运输对象的航空交通。目前的旅游航空运输，现阶段主要表现为_____与_____。

4. 旅游公路运输的类型主要为_____、_____、_____。

任务二　认知旅游交通运输管理制度

任务目标

1. 了解旅游交通运输法律的含义与组成；
2. 理解旅游交通运输合同的含义；
3. 掌握航空运输管理制度、旅客铁路运输管理制度、公路运输管理制度的主要内容。

相关知识

一、旅游交通法律概述

（一）旅游交通法律的含义

旅游交通法律是调整发生在旅行过程中的各种社会关系的各种法律、法规和规章的总称。

旅游交通法律通过明确旅游交通法律关系各主体之间的权利义务，维护和促进旅游交通秩序，从而促进旅游业和交通运输业的繁荣和发展。

（二）旅游交通法律的组成

（1）调整旅游交通运输关系的普通法，是指我国民事、刑事、行政法律中有关交通运输的规定。《民法典》《刑法》等很多法律法规中有涉及交通运输方面的规定。

（2）调整旅游交通运输关系的专门法，是指专门调整交通运输关系的法律法规和规章等，如《中华人民共和国民用航空法》《中华人民共和国铁路法》《中华人民共和国公路法》《汽车旅客运输规则》《铁路旅客运输损害赔偿规定》《铁路运输安全保护条例》《旅游专列运输管理办法》等。

（3）调整旅游交通运输关系的国际法，是指我国参加或承认的涉及交通运输方面的国际公约，如《华沙公约》及其补充协定《海牙议定书》等。

二、旅游交通运输合同概述

旅游交通运输合同是指规定旅客与承运人之间相互权利义务关系的书面协议。

根据旅游交通运输合同，承运人有义务为旅客提供合同中规定的运输工具和相应服务，有权向旅客收取交通运输费用，旅客有义务按照约定交付运输费用，有权要求承运人按照合同约定提供运输工具和相应的服务。

三、航空运输管理制度

航空运输法律制度

（一）禁运规定

1. 公共航空运输企业禁运规定

公共航空运输企业是指以营利为目的，使用民用航空器运送旅客、行李、邮件或者货物的企业法人。

（1）未经国务院民用航空主管部门批准，不得运输军火、作战物资。

（2）不得运输法律、行政法规规定的禁运物品。

（3）禁止以非危险品名义托运危险品。

（4）禁止将危险品作为行李托运。

2. 有关旅客禁运规定

《中华人民共和国民用航空法》规定，禁止旅客携带危险品乘坐民用航空器。所谓危险品，是指对运输安全构成危险的易燃、易爆、剧毒、易腐蚀、易污染和放射性物品。此外，除因执行公务并按照国家规定经过批准外，禁止旅客携带枪支、管制刀具乘坐民用航空器。禁止违反国务院民用航空主管部门的规定将危险品作为行李托运。

（二）相关凭证管理

运输凭证分为旅客运输凭证（客票）、行李运输凭证（行李票）和航空货物运单三种类别。

1. 旅客运输凭证（客票）

客票是航空旅客运输合同订立和运输合同条款的初步证据。《中华人民共和国民用航空法》第一百零九条规定：承运人运送旅客，应当出具客票。旅客乘坐民用航空器，应当交验有效客票。

2. 行李运输凭证（行李票）

行李票是行李托运和运输合同的初步证据。承运人载运托运行李（登记行李），应当向旅客出具行李票，载运旅客自带行李无须出具行李票。

3. 航空货物运单

航空货物运单是航空货物运输的凭证，是航空货物运输合同订立和运输条件以及承运人接收货物的初步证据。

承运人有权要求托运人填写航空货运单，托运人有权要求承运人接受该航空货运单。

（三）承运人的相关责任

1. 承运人对旅客的责任

《中华人民共和国民用航空法》规定，因发生在民用航空器上或者在旅客上、下民用航空器过程中的事件，造成旅客人身伤亡的，承运人应当承担责任；但是，旅客的人身伤亡是由于旅客本人的健康状况造成的，承运人不承担责任。

2. 承运人对旅客随身携带物品和托运行李的责任

《中华人民共和国民用航空法》规定，因发生在民用航空器上或者在旅客上、下民用航空器过程中的事件，造成旅客随身携带物品毁灭、遗失或者损坏的，承运人应当承担责任。因发生在航空运输期间的事件，造成旅客的托运行李毁灭、遗失或者损坏的，承运人应当承担责任。旅客随身携带物品或者托运行李的毁灭、遗失或者损坏完全是由于行李本身的自然属性、质量或者缺陷造成的，承运人不承担责任。

因发生在航空运输期间的事件，造成货物毁灭、遗失或者损坏的，承运人应当承担责任；但是，承运人证明货物的毁灭、遗失或者损坏完全是由于下列原因之一造成的，不承担责任：①货物本身的自然属性、质量或者缺陷；②承运人或者其受雇人、代理人以外的人包装货物的，货物包装不良；③战争或者武装冲突；④政府有关部门实施的与货物入境、出境或者过境有关的行为。

3. 承运人对延误旅客、行李运输的责任

《中华人民共和国民用航空法》规定，旅客、行李或者货物在航空运输中因延误造成的损失，承运人应当承担责任；但是，承运人证明本人或者其受雇人、代理人为了避免损失的发生，已经采取一切必要措施或者不可能采取此种措施的，不承担责任。

在运输中，若承运人不能证明延误是天气条件、机械损坏等无法控制的原因造成的，或者不能证明承运人本人或其受雇人、代理人已尽应有的努力采取了一切合理的措施确保航班的正点和准确到达终点，就应对因延误引起的下列损失承担责任：①旅客在等待另一航班过程中所支付的特殊费用；②旅客误乘下一经停地点航班的损失；③旅行社购买另一航空公司机票而额外支出的票款。

4. 关于国内航空运输承运人的赔偿责任

《中华人民共和国民用航空法》规定，国内航空运输承运人的赔偿责任限额由国务院民用航空主管部门制定，报国务院批准后公布执行。

根据《国内航空运输承运人赔偿责任限额规定》，承运人对每名旅客的赔偿责任限额为人民币40万元；对每名旅客随身携带物品的赔偿责任限额为人民币3 000元；对每名旅客托运的行李和对运输的货物的赔偿责任限额，每公斤为人民币100元。

5. 关于国际航空运输承运人的赔偿责任

《中华人民共和国民用航空法》规定，国际航空运输承运人的赔偿责任限额按照下列规定执行。

（1）对每名旅客的赔偿责任限额为16 600计算单位；但是，旅客可以同承运人书面约定高于本项规定的赔偿责任限额。

（2）对托运行李或者货物的赔偿责任限额，每公斤为17计算单位。

（3）对每名旅客随身携带的物品的赔偿责任限额为332计算单位。

以上规定所称"计算单位"，是指国际货币基金组织规定的特别提款权；其人民币数额为法院判决之日、仲裁机构裁决之日或者当事人协议之日，按照国家外汇管理机关的国际货币基金组织的特别提款权对人民币的换算办法计算得出的人民币数额。

6. 承运人责任的免除或者减轻的规定

《中华人民共和国民用航空法》规定，在旅客、行李运输中，经承运人证明，损失是由索赔人的过错造成或者促成的，应当根据造成或者促成此种损失的过错的程度，相应免除或者减轻承运人的责任。旅客以外的其他人就旅客死亡或者受伤提出赔偿请求时，经承运人证

明，死亡或者受伤是旅客本人的过错造成或者促成的，同样应当根据造成或者促成此种损失的过错的程度，相应免除或者减轻承运人的责任。在货物运输中，经承运人证明，损失是由索赔人或者代行权利人的过错造成或者促成的，应当根据造成或者促成此种损失的过错的程度，相应免除或者减轻承运人的责任。

四、旅客铁路运输管理制度

《中华人民共和国铁路法》规定，铁路运输企业应当保证旅客和货物运输的安全，做到列车正点到达。

（一）铁路运输合同及违约责任

1. 铁路运输合同

铁路运输合同是明确运输企业与旅客、托运人之间权利义务关系的协议。旅客车票、行李票、包裹票和货物运单是铁路运输合同或者合同的组成部分。

2. 违约责任

（1）旅客违约责任。由于旅客自身的原因，造成不能按时乘车的法律后果应当由旅客自己负责，铁路运输企业不承担法律责任。但是，旅客可以按照铁路的规定，办理退票或改乘其他列车的手续，并交纳规定的退票或改乘的签证费用。

（2）铁路运输企业违约责任。由于铁路运输企业的原因而造成旅客不能按车票载明日期、车次乘车的，铁路运输企业应当承担法律责任，即退还全部票款或安排改乘到达相同目的地站的其他列车。在这种情况下，旅客改乘列车，铁路运输企业不得收取任何费用。

（二）承运人与旅客的权利和义务关系

《铁路旅客运输规程》对旅客和承运人的权利、义务进行了规定。

（1）旅客的权利，主要有依据车票票面记载的内容乘车；要求承运人提供与车票等级相适应的服务并保障其旅行安全；因承运人过错发生身体伤害或物品损失时，有权要求承运人给予赔偿。

（2）旅客的义务，主要有支付运输费用；遵守国家法令和铁路运输规章制度，听从铁路车站、列车工作人员的引导，按照车站的引导标志进、出站；爱护铁路设备、设施，维护公共秩序和运输安全。

（3）承运人的权利，主要有依照规定收取运输费用；要求旅客遵守国家法令和铁路规章制度，保证安全；对损害他人利益和铁路设备、设施的行为有权制止、消除危险和要求赔偿。

（4）承运人的义务，主要有确定旅客运输安全正点；为旅客提供良好的旅行环境和服务设施，不断提高服务质量，文明礼貌地为旅客服务；因承运人过错造成旅客人身损害或物品损失时予以赔偿。

五、公路运输管理制度

公路运输的管理应坚持以人为本、安全第一的宗旨，遵循公平、公正、公开、便民的原则，打破地区间的封锁和垄断，促进道路运输市场的统一、开放、竞争、有序，满足旅游出行的需求。

道路客运及客运站经营者应依法经营，诚实信用，公平竞争，优质服务。

（一）公路运输承运人的义务

1. 正确服务的义务

（1）应为旅客提供良好的乘车环境，确保车辆的设备、设施齐全有效，保持车辆清洁、卫生，并采取必要措施防止在运输过程中发生侵害旅客人身、财产安全的违法行为。

（2）旅游班车客运应按照许可的线路、班次、站点运行，在规定的途经站点进站上下旅客，无正当理由不得改变行驶线路，不得站外上客或者沿途揽客。

（3）严禁客运车辆超载运行，在载客人数已满的情况下，允许再搭乘不超过核定载客人数10%的免票儿童。

（4）旅游班车运输实行定点停放、检票上客，正点发车、按规定线路营运。

（5）不得强迫旅客乘车，不得中途将旅客交给他人运输或者甩客，不得敲诈旅客，不得擅自更换客运车辆，不得阻碍其他经营者的正常经营活动。

（6）旅游班车中途发生故障，客运经营者应迅速派相同或相近类别的车辆接运。

（7）旅游班车途中发生意外情况，无法运行时，应以最快方式通知相关机构派车接运。如需食宿，客运经营者应协助解决，并承担相应费用。

2. 安全服务的义务

（1）驾驶人员连续驾驶时间不得超过四个小时。

（2）客运经营者应为旅客投保承运人责任险。

（3）当运输过程中发生侵害旅客人身、财产安全的治安违法行为时，客运经营者在自身能力许可的情况下，应及时向公安机关报告，并配合公安机关及时终止治安违法行为。

（4）客运经营者应制定突发公共事件的道路运输应急预案。应急预案应包括报告程序、应急指挥、应急车辆和设备的储备，以及处置措施等内容。

（5）发生突发公共事件时，客运经营者应服从县级及以上人民政府，或者有关部门的统一调度、指挥。

（二）乘客的权利与义务

1. 权利的享受

乘客随身携带物品的规定包括：①每一张全票（含残废军人票）免费10公斤。②每一张儿童票免费5公斤。③体积不能超过0.02立方米，长度不能超过1.8米，并以能放置本人座位下或车内行李架上为限。④超过规定时，其超过部分按行包收费；占用座位时，按实际占用座位数购票。

2. 法律的义务

（1）文明乘车。具体规定情形如下：①自觉维护乘车秩序，服从站务及驾、乘人员的安排，爱护公共设施，保持清洁卫生，讲究文明礼貌。②所有旅客都应无例外地接受车站值勤人员对危险品的检查。③7岁以下儿童乘车，应有成人旅客携带。④乘车时，要坐稳扶好；头、手不得伸出车外；不准翻越车窗；车未停稳不准上下；不准随便开启车门。⑤车内不吸烟；不随地吐痰；行车中勿与驾驶员闲谈及妨碍驾驶操作。⑥不准从车窗向外扔东西。

（2）不可携带乘车的物品。包括：①易燃、易爆等危险品；②有可能损坏、污染车辆和有碍其他旅客安全的物品；③动物（有规定的除外）；④有刺激性异味的物品；⑤尸体、尸骨；⑥法律和政府规定的禁运物品。

（3）禁止性规定。有下列情形之一者禁止乘车：①不遵守汽车客运规章而不听劝告者；②精神失常无人护送或虽有人护送仍可能危及其他旅客安全者。③恶性传染病患者。

知识考查

1. _____ 是调整发生在旅行过程中的各种社会关系的各种法律、法规和规章的总称。

2. _____ 是指规定旅客与承运人之间相互权利义务关系的书面协议。

3. 在航空运输中，_____ 是航空旅客运输合同订立和运输合同条款的初步证据。_____ 是行李托运和运输合同的初步证据。_____ 是航空货物运输的凭证，是航空货物运输合同订立和运输条件以及承运人接收货物的初步证据。

4. _____ 是明确铁路运输企业与旅客、托运人之间权利和义务关系的协议。_____、_____、_____ 和 _____ 是它的组成部分。

5. 简述旅游交通法律的组成。

项目七 旅游交通运输管理法律制度

课外实践

教师拟定若干旅游路线，学生分组，派一名代表随机抽取，为该旅游路线设计旅游交通方案。

项目总结

旅游交通运输，是指在旅游行程中，为旅游者及其行李物品由客源地或出发地到旅游目的地的城际往返、旅游目的地各处、旅游景区各景点旅游活动地域的间际移动提供交通运输与设施及服务的转移行为。旅游交通运输具有游览性、舒适性、季节性的特点。主要形式有旅游航空运输、旅游铁路运输、旅游公路客运、旅游水路客运。

旅游交通法律是调整发生在旅行过程中的各种社会关系的各种法律、法规和规章的总称。

旅游交通运输合同是指规定旅客与承运人之间相互权利义务关系的书面协议。

通过本项目的学习与实训，写下你的收获。

自我小结：

_____
_____
_____
_____
_____

教师评价：

_____
_____
_____
_____
_____
_____

项目八

住宿、食品、娱乐管理法律制度

项目引言

旅游饭店属于住宿业或称旅馆业，其主要的社会职能是为旅游者提供以住宿为核心的一系列服务。在旅游业的食、住、行、游、购、娱六大要素中，旅游饭店业是一个十分重要的环节，与旅行社业、旅游交通运输业并称为旅游业的三大支柱。饭店业的产品满足的是人们在旅行游览活动中必不可少的基本需求。现代旅游饭店已不仅仅是提供住宿服务，而是以提供住宿产品为中心，具有餐饮、购物、娱乐、休闲、健身等多种服务功能的综合性经营实体了。改革开放以来，我国先后颁布实施一批涉及旅游饭店的法规制度，对于旅游饭店的规范运营发挥出重要作用。

食物安全直接关系人的生命和健康。2009年6月1日，《中华人民共和国食品安全法》（以下简称《食品安全法》）施行。这是旅游饭店行业确保食品安全非常重要的一部法律，凡从事食品生产、食品流通、餐饮服务的饭店均应遵守这一法律。

近年来，化娱乐市场日益活跃，大大丰富了人民群众的文化娱乐生活。为了规范对娱乐场所的管理，国家先后颁布了一系列加强对娱乐场所管理的政策法规。

项目导航

项目八 住宿、食品、娱乐管理法律制度
- 任务一 认知旅游饭店管理法律制度
  - 一、旅游饭店概述
  - 二、旅游饭店星级评定制度
  - 三、旅游饭店治安、消防管理制度
- 任务二 认知食品安全法律制度
  - 一、食品生产经营的管理
  - 二、食品安全事故的处置
- 任务三 认知娱乐场所管理法律制度
  - 一、娱乐场所及其管理
  - 二、娱乐场所管理制度

项目八　住宿、食品、娱乐管理法律制度

案例导入

李先生到某市旅游，入住某大酒店。一天，李先生在开窗时，不慎碰倒了窗边的落地灯，没想到这盏灯应声断成两截。李先生马上通知了酒店的服务台。酒店的值班经理、主任立即赶到现场，当场请酒店的检修人员检查。经查，落地灯无法修复。于是，他们拿出酒店制定的《客房物品价目表》，要求按价目表上规定的500元价格赔偿，并要求李先生另外赔偿2 000元的营业损失费，理由是落地灯损坏致使客房暂停营业。李先生认为酒店索赔过高，拒不赔付。

思考：

酒店的要求是否合理？为什么？

任务一　认知旅游饭店管理法律制度

任务目标

1. 了解旅游饭店的定义，了解旅游饭店和旅客的权利与义务；
2. 了解旅游饭店星级评定制度的主要内容；
3. 掌握旅游饭店治安、消防管理制度的主要内容。

旅游住宿业治安管理制度

相关知识

一、旅游饭店概述

（一）旅游饭店的含义

根据国家标准《旅游饭店星级的划分与评定》（GB/T 14308—2010），旅游饭店是指以间（套）夜为单位出租客房，以住宿服务为主，并提供商务、会议、休闲、度假等相应服务的住宿设施，按不同习惯也可被称为宾馆、酒店、旅馆、旅社、宾舍、度假村、俱乐部、大

厦、中心等。根据《中国旅游饭店行业规范》的规定，旅游饭店包括在中国境内开办的各种经济性质的饭店，含宾馆、饭店、度假村等。因此，旅游饭店是一个比较宽泛的概念，能为旅游者提供餐饮等相关服务的住宿设施都可称为旅游饭店。

（二）旅游饭店的权利与义务

1. 旅游饭店的权利

（1）有权按照有关规定收取费用。旅游饭店大多是独立核算、自负盈亏的经济实体，在其经营活动中必须讲求经济效益。因此，当旅游饭店向旅客提供相应的服务后，有权按照规定收取费用。

（2）有权要求旅客在饭店的行为合法。饭店有权制止、拒绝住店客人及外来人员在店内从事违法犯罪活动。对于在饭店内进行违法犯罪活动的，饭店有权向公安机关报告并配合有关部门加以制止。

（3）有权要求旅客不得损害饭店的利益。在饭店服务中，饭店和旅客具有平等的民事地位，法律给予旅客和饭店合法权益同等的保护。

（4）有权要求旅客不得损害饭店从业人员的合法权益。在饭店服务中，作为服务者的饭店从业人员和接受服务的旅客仅仅是社会角色不同，两者的法律地位平等，从业人员的合法权益同样受到法律的保护。旅客在享受饭店提供的服务时，不能损害饭店从业人员的合法权益，否则也要承担相应的法律责任。

2. 旅游饭店的义务

（1）保障旅客的人身财产安全。旅游饭店应保证其设施设备和服务符合国家标准、行业标准、履行相关的告知义务，提醒旅客正确使用饭店设施，消除安全隐患，并采取有效措施，防止损害的发生及损害的扩大。

（2）向旅客提供约定的服务。旅游饭店与旅客的住宿合同一经成立，旅游饭店就有义务按照约定向旅客提供客房及相应服务，否则，饭店必须采取措施减轻旅客的损失，并承担违约责任。

（3）提供商品或服务明码标价并出具发票。旅游饭店提供商品和服务，应当明码标价，注明品名、产地、规格、等级、计价单位、价格或者服务的项目、收费标准等有关情况，并按照规定向旅客出具购货凭证或服务单据。

（4）尊重和保障旅客的隐私。旅游饭店向旅客提供的住宿服务，其服务方式是合理的，能够充分地尊重旅客的隐私权。

项目八 住宿、食品、娱乐管理法律制度

> **阅读案例**
>
> ### 此种格式条款无效
>
> 一客人在住店时，不小心将电视机的遥控器损坏。饭店方面要求该客人按房内的《住宿须知》上标明的遥控器赔偿金额 100 元。遭到客人拒绝，客人只同意按市场价赔偿。双方由此发生分歧。
>
> 饭店可以要求客人赔偿。但饭店单方面确定的赔偿金额过高，属"格式条款"根据《民法典》的规定，提供格式条款一方不合理地免除或者减轻其责任、加重对方责任、排除对方主要权利的，该条款无效。

（三）旅客的权利与义务

1. 旅客的权利

根据《消费者权益保护法》等法律的相关规定，旅客在旅游饭店购买、使用商品和接受服务时，享有安全保障权、知悉真情权、自主选择权、公平交易权、获得赔偿权、维护尊严权等权利，此处不再具体展开阐述。

2. 旅客的义务

（1）如实登记。旅客住宿时，须向登记管理人员出示护照、旅行证或居民身份证，并如实填写住宿登记表。

（2）支付费用。只要饭店按照合同约定向旅客提供了服务，旅客就有义务足额支付服务费用，拒绝支付服务费用是违约的表现。

（3）赔偿损失。如果旅客的行为给饭店或者饭店从业人员造成损失，旅客应当承担赔偿责任。

（4）遵守法律和公序良俗。如果旅客有违反国家法律或者公序良俗，饭店可以拒绝为旅客提供服务，并向有关部门举报。

二、旅游饭店星级评定制度

（一）旅游饭店的星级划分和标志

1. 旅游饭店的星级划分

旅游饭店星级，是指用星的数量和颜色来表示旅游饭店的等级。我国旅游饭店星级分为五个级别，即一星级、二星级、三星级、四星级、五星级（含白金五星级）。星级越高，表示饭店的等级越高。

2. 旅游饭店的星级标志

星级标志由长城与五角星图案构成，用一颗五角星表示一星级，二颗五角星表示二星级，三颗五角星表示三星级，四颗五角星表示四星级，五颗五角星表示五星级，五颗白金五角星表示白金五星级。

3. 旅游饭店的星级标牌规范

饭店星级标志应置于饭店前厅最明显的位置，接受公众监督。饭店星级证书和标志牌由全国旅游星级饭店评定委员会统一制作、核发。每块星级标志牌上的编号，应与相应的星级饭店证书号一致。每家星级饭店原则上只可申领一块星级标志牌。

阅读案例

欺骗消费者的准四星级酒店

华小姐和朋友报名桂林阳朔的旅行团，无论是广告单还是行程上都写明了全程住四星级酒店。可到了当地，第一天入住的却是一家声称是准四星的酒店。华小姐当场问了导游，得到的回答是：该酒店的"准"字是因为还差两个月才能被获准正式挂牌四星，因此只能用"准"字。可进了客房，华小姐就发现完全不是那么回事，无论是装潢、浴室还是用具都非常旧，这才明白是被"准"字给糊弄了。此后的行程中，准四星级时常出现，导游的理由也是千奇百怪。

中国的酒店星级中并没有"准"字的名头，因此准字号的出现大多是旅行社无法满足旅客对住宿的要求使出的"障眼法"。按照规定，旅行社必须在合同上约定是几星级宾馆，如果没有星级，则必须注明宾馆的名称。一定要警惕所谓的准四星、准五星等高星级的酒店名头。一旦看到准星级出现，游客就应该在报名前进行详细的了解，包括在网上查询酒店的相关服务设施和网友对酒店的评论等。

（二）旅游饭店的星级评定

1. 旅游饭店的星级评定条件

1）旅游饭店的星级评定范围

凡在我国境内正式营业一年以上的旅游饭店，均可申请星级评定。经评定达到相应星级标准的饭店，由全国旅游饭店星级评定机构颁发相应的星级证书和标志牌。星级标志的有效期为三年，期满后应进行重新评定。

2）旅游饭店星级评定的内容

（1）基本条件（必备项目）。各星级饭店都有相应的基本硬件设施和服务项目要求，各星级饭店应逐项达标，缺一不可。

（2）设施设备要求（也称硬件要求），包括饭店设备设施的位置、结构、数量、面积、功能、材质、设计、装饰等方面。评星时将对饭店的上述硬件条件进行打分，三、四、五星级饭店不得低于下列分数：三星220分，四星320分，五星420分。一、二星级饭店不作要求。

（3）运营质量要求（也称软件要求），包括对饭店各项服务的基本流程、设施维护保养和清洁卫生方面的评价。三、四、五星级饭店的最低得分率是：三星70%，四星80%，五星85%。一、二星级饭店不作要求。饭店若达不到上述得分率，则不能取得相应的星级。

2. 星级饭店的评定程序

（1）申请。申请评定五星级饭店，应对照评分表的内容，按属地原则向地区星评委和省级星评委逐级递交下列申请材料：饭店星级申请报告、自查打分表、消防验收合格证（复印件）、卫生许可证（复印件）、工商营业执照（复印件）、饭店装修设计说明等。

（2）推荐。省级星评委收到饭店申请材料后，按照评审要求，于一个月内对申报饭店进行星评工作指导。对符合申报要求的饭店，以省级星评委名义向全国星评委递交推荐报告。

（3）资格的审查与公示。全国星评委应在一个月内完成审定申请资格、核实申请报告等工作。对通过资格审查的饭店，在中国旅游网和中国旅游饭店业协会网站上同时公示。对未通过资格审查的饭店，全国星评委应下发正式文件，通知省级星评委。

（4）对宾客满意度的调查。对通过五星级资格审查的饭店，全国星评委可根据工作需要安排宾客满意度的调查，并形成专业调查报告，作为星评工作的参考意见。

（5）国家级星评员检查。全国星评委发出《星级评定检查通知书》，委派2~3名国家级星评员，以明查或暗访的形式对申请五星级的饭店进行评定检查。评定检查工作应在36~48小时完成。检查未予通过的饭店，应根据全国星评委反馈的有关意见进行整改。全国星评委待接到饭店整改完成并申请重新检查的报告后，于一个月内再次安排评定检查。

（6）审核。检查结束后一个月内，全国星评委应根据检查结果对申请五星级的饭店进行审核。审核的主要内容及材料有：国家级星评员签名的检查报告；国家级星评员及饭店负责人签名的检查反馈会原始记录材料；国家级星评员依据《旅游饭店星级的划分及评定》标准进行计分并签名的总表。

（7）批复。对于经审核认定达到标准的饭店，全国星评委应作出批准该饭店为五星级旅游饭店的批复，并授予五星级证书和标志牌。对于经审核认定没有达到标准的饭店，全国星评委应作出不批准该饭店为星级饭店的批复。批复结果在中国旅游网和中国旅游饭店业协会网站上同时公示。

（8）申诉。申请星级评定的饭店对星评过程及其结果如有异议，可直接向国家旅游局申诉。国务院旅游行政部门根据调查结果予以答复，并保留最终裁定权。

（9）抽查。国务院旅游行政部门派出国家级星评监督员随机抽查星级评定的情况，对星评工作进行监督。

一星级至四星级饭店的评定程序，可参照上述五星级饭店的评定程序执行。

三、旅游饭店治安、消防管理制度

（一）旅馆业治安管理

《旅馆业治安管理办法》对旅馆业的治安管理作出明确规定。

（1）申请开办旅馆，应经主管部门审查批准，经当地公安机关签署意见，向工商行政管理部门申请登记，领取营业执照后，方准开业。

经批准开业的旅馆，如有歇业、转业、合并、迁移、改变名称等情况，应当在工商行政管理部门办理变更登记后三日内，向当地的县、市公安局、公安分局备案。

（2）经营旅馆，必须遵守国家的法律，建立各项安全管理制度，设置治安保卫组织或者指定安全保卫人员。

（3）旅馆接待旅客住宿必须登记。登记时，应当查验旅客的身份证件，按规定的项目如实登记。接待境外旅客住宿，还应当在24小时内向当地公安机关报送住宿登记表。

（4）旅馆应当设置旅客财物保管箱、柜或者保管室、保险柜，指定专人负责保管工作。对旅客寄存的财物，要建立登记、领取和交接制度。

（5）旅馆对旅客遗留的物品，应当妥为保管，设法归还原主或揭示招领；经招领三个月后无人认领的，要登记造册，送当地公安机关按拾遗物品处理。对违禁物品和可疑物品，应当及时报告公安机关处理。

（6）旅馆工作人员发现违法犯罪分子，形迹可疑的人员和被公安机关通缉的罪犯，应当立即向当地公安机关报告，不得知情不报或隐瞒包庇。

（7）在旅馆内开办舞厅、音乐茶座等娱乐、服务场所的，除执行本办法有关规定外，还应当按照国家和当地政府的有关规定管理。

（8）严禁旅客将易燃、易爆、剧毒、腐蚀性和放射性等危险物品带入旅馆。

（9）旅馆内，严禁卖淫、嫖宿、赌博、吸毒、传播淫秽物品等违法犯罪活动。

（10）旅馆内，不得酗酒滋事、大声喧哗，影响他人休息，旅客不得私自留客住宿或者转让床位。

（二）旅游饭店消防管理

旅游饭店及其员工都有维护消防安全、保护消防设施、预防火灾、报告火警的义务。旅游饭店的主要负责人是本单位的消防安全负责人。

旅游饭店应当履行的消防安全职责包括以下几个方面。

（1）落实消防安全责任制，制定本单位的消防安全制度、消防安全操作规程，制定灭火和应急疏散预案。

（2）按照国家标准、行业标准配置消防设施、器材，设置消防安全标志，并定期组织检验、维修，确保完好有效。

（3）对建筑消防设施每年至少进行一次全面检测，确保完好有效，检测记录应当完整准确，存档备查。

（4）保障疏散通道、安全出口、消防车通道畅通，保证防火防烟分区、防火间距符合消防技术标准。

（5）组织防火检查，及时消除火灾隐患。

（6）组织进行有针对性的消防演练。

（7）法律、法规规定的其他消防安全职责。

知识考查

1. 旅游饭店是指以_____为单位出租客房，以_____为主，并提供商务、会议、休闲、度假等相应服务的住宿设施。

2. 旅游饭店星级是指用_____来表示旅游饭店的等级。我国旅游饭店星级分为_____个级别。

3. 旅游饭店的_____是本单位的消防安全负责人。

4. 简述旅游饭店的权利与义务。
_____
_____
_____
_____

5. 简述星级饭店的评定程序。
_____
_____
_____
_____

任务二　认知食品安全法律制度

任务目标

1. 了解食品与食品安全的含义，了解食品生产经营的安全要求；
2. 了解食品安全事故处置的基本内容。

食品安全法律制度

相关知识

一、食品生产经营的管理

（一）食品与食品安全的定义

食品是指各种供人食用或者饮用的成品和原料，以及按照传统既是食品，又是药品的物品，但是不包括以治疗为目的的物品。

食品安全是指食品无毒、无害，符合应有的营养要求，对人体健康不造成任何急性、亚急性或者慢性的危害。

2015年4月24日，第十二届全国人民代表大会常务委员会第十四次会议修订的《食品安全法》（于2018年和2021年两次修正）是确保食品安全非常重要的一部法律，凡从事食品生产、食品流通、餐饮服务的企业和个人均应遵守这一法律。

（二）食品生产经营的安全要求

1. 食品安全标准的内容

（1）食品、食品添加剂、食品相关产品中的致病性微生物、农药残留、兽药残留、重金属、污染物质，以及其他危害人体健康物质的限量规定。

（2）食品添加剂的品种、使用范围、用量。

（3）专供婴幼儿和其他特定人群的主辅食品的营养成分要求。

（4）对与食品安全、营养有关的标签、标志、说明书的要求。

（5）食品生产经营过程的卫生要求。

（6）与食品安全有关的质量要求。

（7）与食品安全有关的食品检验方法与规程。

（8）其他需要制定为食品安全标准的内容。

2. 食品生产经营的安全保障要求

（1）具有与生产经营的食品品种、数量相适应的食品原料处理和食品加工、包装、贮存等场所，保持该场所环境整洁，并与有毒、有害场所，以及其他污染源保持规定的距离。

（2）具有与生产经营的食品品种、数量相适应的生产经营设备或者设施，有相应的消毒、更衣、盥洗、采光、照明、通风、防腐、防尘、防蝇、防鼠、防虫、洗涤，以及处理废水、存放垃圾和废弃物的设备或者设施。

（3）有专职或者兼职的食品安全专业技术人员、食品安全管理人员和保证食品安全的规章制度。

（4）具有合理的设备布局和工艺流程，防止待加工食品与直接入口食品、原料与成品交叉污染，避免食品接触有毒物、不洁物。

（5）餐具、饮具和盛放直接入口食品的容器，使用前应洗净、消毒；炊具、用具用后应洗净，保持清洁。

（6）贮存、运输和装卸食品的容器、工具和设备应安全、无害，保持清洁，防止食品污染，并符合保证食品安全所需的温度、湿度等特殊要求，不得将食品与有毒、有害物品一同贮存、运输。

（7）直接入口的食品应当使用无毒、清洁的包装材料、餐具、炊具和容器。

（8）食品生产经营人员应保持个人卫生，生产经营食品时，应将手洗净，穿戴清洁的工作衣、帽；销售无包装的直接入口食品时，应使用无毒、清洁的容器、售货工具和设备。

（9）用水应符合国家规定的生活饮用水卫生标准。

（10）使用的洗涤剂、消毒剂应当对人体安全、无害。

（11）法律、法规规定的其他要求。

3. 禁止生产经营的食品

（1）用非食品原料生产的食品或者添加食品添加剂以外的化学物质和其他可能危害人体健康物质的食品，或者用回收食品作为原料生产的食品。

（2）致病性微生物、农药残留、兽药残留、生物毒素、重金属等污染物质，以及其他危害人体健康的物质含量超过食品安全标准限量的食品、食品添加剂、食品相关产品。

（3）用超过保质期的食品原料、食品添加剂生产的食品、食品添加剂。

（4）超范围、超限量使用食品添加剂的食品。

（5）营养成分不符合食品安全标准的专供婴幼儿和其他特定人群的主辅食品。

（6）腐败变质、油脂酸败、霉变生虫、污秽不洁、混有异物、掺假掺杂或者感官性状异常的食品、食品添加剂。

（7）病死、毒死，或者死因不明的禽、畜、兽、水产动物肉类及其制品。

（8）未经规定进行检疫或者检疫不合格的肉类，或者未经检验或者检验不合格的肉类制品。

（9）被包装材料、容器、运输工具等污染的食品、食品添加剂。

（10）标注虚假生产日期、保质期或者超过保质期的食品、食品添加剂。

（11）无标签的预包装食品、食品添加剂。

（12）国家为防病等特殊需要明令禁止生产经营的食品。

（13）其他不符合法律、法规或者食品安全标准的食品、食品添加剂、食品相关产品。

4. 食品销售的规定

（1）食品广告规定。食品广告的内容应真实合法，不得含有虚假、夸大的内容，不得涉及疾病预防、治疗功能。食品生产经营者对食品广告内容的真实性、合法性负责。县级以上人民政府食品安全监督管理部门和其他有关部门以及食品检验机构、食品行业协会不得以广告或者其他形式向消费者推荐食品，消费者组织不得以收取费用或者其他牟取利益的方式向消费者推荐食品。

（2）销售散装食品规定。食品经营者贮藏散装食品，应当在贮存位置标明食品的名称、生产日期或者生产批号、保质期、生产者名称及联系方式等内容。

（3）销售预包装食品规定。食品经营者应按照食品标签标示的警示标志、警示说明或者注意事项的要求，销售预包装食品。预包装食品的包装上应当有标签。标签应当标明下列事项：名称、规格、净含量、生产日期；成分或者配料表；生产者的名称、地址、联系方式；保质期；产品标准代号；贮存条件；所使用的食品添加剂在国家标准中的通用名称；生产许可证编号；法律、法规或者食品安全标准规定须标明的其他事项。

（4）专供婴幼儿和其他特定人群的主辅食品，其标签还应标明主要营养成分及其含量。

（5）食品与药品不得混淆。生产经营的食品中不得添加药品，但是可以添加按照传统既是食品又是中药材的物质。保健食品声称保健功能，应当具有科学依据，不得对人体产生急性、亚急性或者慢性的危害，其标签、说明书不得涉及疾病预防、治疗功能，内容应当真实，与注册或者备案的内容相一致，载明适宜人群、不适宜人群、功效成分或者标志性成分及其含量等，并声明"本品不能代替药物"。保健食品的功能和成分应当与标签、说明书相一致。

二、食品安全事故的处置

（一）食品安全事故应急预案的制定

国务院组织制定国家食品安全事故应急预案。县级以上地方人民政府应当根据有关法律、法规的规定和上级人民政府的食品安全事故应急预案及本行政区域的实际情况，制定本

项目八　住宿、食品、娱乐管理法律制度

行政区域的食品安全事故应急预案，并报上一级人民政府备案。

食品安全事故应急预案应当对食品安全事故分级、事故处置组织指挥体系与职责、预防预警机制、处置程序、应急保障措施等作出规定。

食品生产经营企业应当制定食品安全事故处置方案，定期检查本企业各项食品安全防范措施的落实情况，及时消除事故隐患。

（二）食品安全事故的报告与通报

发生食品安全事故的单位应当立即采取措施，防止事故扩大。事故单位和接收病人进行治疗的单位应当及时向事故发生地县级人民政府食品安全监督管理、卫生行政部门报告。

县级以上人民政府农业行政等部门在日常监督管理中发现食品安全事故或者接到事故举报，应当立即向同级食品安全监督管理部门通报。

发生食品安全事故，接到报告的县级人民政府食品安全监督管理部门应当按照应急预案的规定向本级人民政府和上级人民政府食品安全监督管理部门报告。县级人民政府和上级人民政府食品安全监督管理部门应当按照应急预案的规定上报。

任何单位和个人不得对食品安全事故隐瞒、谎报、缓报，不得隐匿、伪造、毁灭有关证据。

医疗机构发现其接收的病人属于食源性疾病病人或者疑似病人的，应当按照规定及时将相关信息向所在地县级人民政府卫生行政部门报告。县级人民政府卫生行政部门认为与食品安全有关的，应当及时通报同级食品安全监督管理部门。

县级以上人民政府卫生行政部门在调查处理传染病或者其他突发公共卫生事件中发现与食品安全相关的信息，应当及时通报同级食品安全监督管理部门。

（三）食品安全事故的调查处理

县级以上人民政府食品安全监督管理部门接到食品安全事故的报告后，应当立即会同同级卫生行政、农业行政等部门进行调查处理，并采取下列措施，防止或者减轻社会危害。

（1）开展应急救援工作，组织救治因食品安全事故导致人身伤害的人员。

（2）封存可能导致食品安全事故的食品及其原料，并立即进行检验；对确认属于被污染的食品及其原料，责令食品生产经营者依照《食品安全法》第六十三条的规定召回或者停止经营。

（3）封存被污染的食品相关产品，并责令进行清洗消毒。

（4）做好信息发布工作，依法对食品安全事故及其处理情况进行发布，并对可能产生的危害加以解释、说明。

发生食品安全事故需要启动应急预案的，县级以上人民政府应当立即成立事故处置指挥机构，启动应急预案，依照前款和应急预案的规定进行处置。

发生食品安全事故，县级以上疾病预防控制机构应当对事故现场进行卫生处理，并对与

事故有关的因素开展流行病学调查，有关部门应当予以协助。县级以上疾病预防控制机构应当向同级食品安全监督管理、卫生行政部门提交流行病学调查报告。

（四）食品安全事故的责任调查

发生食品安全事故，设区的市级以上人民政府食品安全监督管理部门应当立即会同有关部门进行事故责任调查，督促有关部门履行职责，向本级人民政府和上一级人民政府食品安全监督管理部门提出事故责任调查处理报告。

涉及两个以上省、自治区、直辖市的重大食品安全事故由国务院食品安全监督管理部门依照前款规定组织事故责任调查。

调查食品安全事故，应当坚持实事求是、尊重科学的原则，及时、准确查清事故性质和原因，认定事故责任，提出整改措施。

调查食品安全事故，除了查明事故单位的责任，还应当查明有关监督管理部门、食品检验机构、认证机构及其工作人员的责任。

食品安全事故调查部门有权向有关单位和个人了解与事故有关的情况，并要求提供相关资料和样品。有关单位和个人应当予以配合，按照要求提供相关资料和样品，不得拒绝。

任何单位和个人不得阻挠、干涉食品安全事故的调查处理。

知识考查

1. 食品是指各种供人_____的成品和原料，以及按照传统既是食品又是药品的物品，但是不包括以_____为目的的物品。

2. 食品安全是指食品无毒、无害，符合应有的营养要求，对人体健康不造成任何_____的危害。

3. _____组织制定国家食品安全事故应急预案。

4. 简述食品安全标准的主要内容。

_____

_____

_____

5. 简述禁止生产经营的食品种类。

_____

_____

任务三 认知娱乐场所管理法律制度

任务目标

1. 了解娱乐场所的含义与特点，了解娱乐场所管理部门及其职责，掌握国家机关及其工作人员的禁止性规定；
2. 了解娱乐场所设立的限制性规定，熟悉娱乐场所经营活动规则。

相关知识

一、娱乐场所及其管理

（一）娱乐场所的含义与特点

娱乐场所是指以营利为目的，并向公众开放、消费者自娱自乐的歌舞、游艺等场所。

这表明，娱乐场所具有下列特点。

（1）营业性。娱乐场所以营利为目的。

（2）开放性。娱乐场所对公众开放，不包括家庭或单位的娱乐活动。

（3）娱乐性。娱乐场所是消费者自娱自乐的场所，不涵盖电影院、剧院等观赏场所；适用范围是歌舞、游艺等场所的经营活动。

（二）娱乐场所管理部门及其职责

县级以上人民政府文化主管部门负责对娱乐场所日常经营活动的监督管理；县级以上公安部门负责对娱乐场所消防、治安状况的监督管理。

（三）国家机关及其工作人员的禁止性规定和法律责任

《娱乐场所管理条例》规定，国家机关及其工作人员不得开办娱乐场所，不得参与或者变相参与娱乐场所的经营活动。与文化主管部门、公安部门的工作人员有夫妻关系、直系血亲关系、三代以内旁系血亲关系及近姻亲关系的亲属，不得开办娱乐场所，不得参与或者变相参与娱乐场所的经营活动。

国家机关及其工作人员开办娱乐场所，参与或者变相参与娱乐场所经营活动的，对直接负责的主管人员和其他直接责任人员依法给予撤职或者开除的行政处分。文化主管部门、公安部门的工作人员明知其亲属开办娱乐场所或者发现其亲属参与、变相参与娱乐场所的经营活动，不予制止或者制止不力的，依法给予行政处分；情节严重的，依法给予撤职或者开除的行政处分。

二、娱乐场所管理制度

（一）娱乐场所设立的限制性规定

1. 从业限制

有下列情形之一的人员，不得开办娱乐场所或者在娱乐场所内从业。

（1）曾犯有组织、强迫、引诱、容留、介绍卖淫罪，制作、贩卖、传播淫秽物品罪，走私、贩卖、运输、制造毒品罪，强奸罪，强制猥亵、侮辱妇女罪，赌博罪，洗钱罪，组织、领导、参加黑社会性质组织罪的。

（2）因犯罪曾被剥夺政治权利的。

（3）因吸食、注射毒品曾被强制戒毒的。

（4）因卖淫、嫖娼曾被处以行政拘留的。

2. 外商投资者限制

外国投资者可以依法在中国境内设立娱乐场所。

3. 设立地点的限制

娱乐场所不得设在下列地点。

（1）居民楼、博物馆、图书馆和被核定为文物保护单位的建筑物内。

（2）居民住宅区和学校、医院、机关周围。

（3）车站、机场等人群密集的场所。

（4）建筑物地下一层以下。

（5）与危险化学品仓库毗连的区域。

4. 边界噪声标准的限制

娱乐场所的边界噪声，应当符合国家规定的环境噪声标准。

项目八　住宿、食品、娱乐管理法律制度

5. 设立面积的限制

娱乐场所的使用面积，不得低于国务院文化主管部门规定的最低标准；设立含有电子游戏机的游艺娱乐场所，应当符合国务院文化主管部门关于总量和布局的要求。

(二) 娱乐场所经营活动规则

1. 禁止性规定

《娱乐场所管理条例》第十三条规定，国家倡导弘扬民族优秀文化，禁止娱乐场所内的娱乐活动含有下列内容：违反宪法确定的基本原则的；危害国家统一、主权或者领土完整的；危害国家安全，或者损害国家荣誉、利益的；煽动民族仇恨、民族歧视，伤害民族感情或者侵害民族风俗、习惯，破坏民族团结的；违反国家宗教政策，宣扬邪教、迷信的；宣扬淫秽、赌博、暴力以及与毒品有关的违法犯罪活动，或者教唆犯罪的；违背社会公德或者民族优秀文化传统的；侮辱、诽谤他人，侵害他人合法权益的；法律、行政法规禁止的其他内容。

《娱乐场所管理条例》第十四条规定，娱乐场所及其从业人员不得实施下列行为，不得为进入娱乐场所的人员实施下列行为提供条件：贩卖、提供毒品，或者组织、强迫、教唆、引诱、欺骗、容留他人吸食、注射毒品；组织、强迫、引诱、容留、介绍他人卖淫、嫖娼；制作、贩卖、传播淫秽物品；提供或者从事以营利为目的的陪侍；赌博；从事邪教、迷信活动；其他违法犯罪行为。

娱乐场所的从业人员不得吸食、注射毒品，不得卖淫、嫖娼；娱乐场所及其从业人员不得为进入娱乐场所的人员实施上述行为提供条件。

2. 法律责任

《娱乐场所管理条例》第四十三条规定，娱乐场所实施本条例第十四条禁止行为的，由县级公安部门没收违法所得和非法财物，责令停业整顿3~6个月；情节严重的，由原发证机关吊销娱乐经营许可证，对直接负责的主管人员和其他直接责任人员处1万元以上2万元以下的罚款。

🍁 知识考查

1. 娱乐场所是指以＿＿＿＿＿＿为目的，并向公众开放、消费者＿＿＿＿＿＿的歌舞、游艺等场所。

2. 县级以上人民政府＿＿＿＿＿＿负责对娱乐场所日常经营活动的监督管理；县级以上＿＿＿＿＿＿负责对娱乐场所消防、治安状况的监督管理。

任务三　认知娱乐场所管理法律制度

3. ＿＿＿＿＿＿不得开办娱乐场所，不得参与或者变相参与娱乐场所的经营活动。与文化主管部门、公安部门的工作人员有＿＿＿＿＿＿，不得开办娱乐场所，不得参与或者变相参与娱乐场所的经营活动。

4. 简述娱乐场所的从业限制规定。
___
___
___
___

5. 简述娱乐场所经营的禁止性规定。
___
___
___
___
___

课外实践

利用课余时间采访本地某家酒店的工作人员，搜集旅客与酒店纠纷的典型案例，并结合所学知识加以分析。

项目总结

旅游饭店是指以间（套）夜为单位出租客房，以住宿服务为主，并提供商务、会议、休闲、度假等相应服务的住宿设施，按不同习惯也可被称为宾馆、酒店、旅馆、旅社、宾舍、度假村、俱乐部、大厦、中心等。

旅游饭店星级，是指用星的数量和颜色来表示旅游饭店的等级。我国旅游饭店星级分为五个级别。星级越高，表示饭店的等级越高。

《旅馆业治安管理办法》对旅馆业的治安管理进行了明确规定。

食品安全是指食品无毒、无害，符合应有的营养要求，对人体健康不造成任何急性、亚急性或者慢性的危害。食品安全事故应急预案应当对食品安全事故分级、事故处置组织指挥体系与职责、预防预警机制、处置程序、应急保障措施等作出规定。

娱乐场所是指以营利为目的，并向公众开放、消费者自娱自乐的歌舞、游艺等场所。《娱乐场所管理条例》对娱乐场所的经营管理做了详细规定。

通过本项目的学习与实训，写下你的收获。

项目八　住宿、食品、娱乐管理法律制度

自我小结：

教师评价：

项目九

旅游资源保护法律制度

项目引言

旅游资源是一个国家或地区发展旅游业的重要基础，直接关系旅游业的发展水平。同时，旅游资源还具有脆弱的一面，大多属于不可再生资源，若不正确开发和利用，甚至加以破坏，将导致其价值的下降乃至丧失，从而阻碍旅游业的进一步发展。旅游资源是发展旅游业的基础，为旅游业的可持续发展，应当正确处理旅游资源的保护、开发和利用之间的关系。对旅游资源施以合理、正确的保护，具有十分重要的意义。

旅游资源管理法律制度，是国家对旅游资源保护、开发和利用的各种法律、法规和规章的总称。我国制定了许多保护旅游资源法律法规，其中主要的有《中华人民共和国文物保护法》（以下简称《文物保护法》）、《中华人民共和国环境保护法》（以下简称《环境保护法》）、《风景名胜区条例》等。其他一些法律中也有关于旅游资源的条款。

项目导航

项目九 旅游资源保护法律制度

- 任务一 认识旅游资源保护
  - 一、旅游资源的含义与类型
  - 二、旅游资源的法律保护
  - 三、旅游规划与促进

- 任务二 认知人文旅游资源保护制度
  - 一、人文旅游资源概述
  - 二、我国文物的法律保护

- 任务三 认知风景名胜区管理制度
  - 一、风景名胜区的概念
  - 二、风景名胜区的类型
  - 三、风景名胜区的管理
  - 四、风景名胜区的旅游资源保护与利用

- 任务四 认知自然保护区管理制度
  - 一、自然保护区的含义
  - 二、自然保护区的分类与命名方式
  - 三、自然保护区的区域划分
  - 四、自然保护区的法律禁限与法律处罚

项目九　旅游资源保护法律制度

案例导入

红玉景区地处河北承德兴隆县,以"红玉洞"原生态鹅管钟乳石景观为核心。洞内钟乳石洁白无瑕、晶莹剔透,等级非常高,质地非常脆弱,如果进行旅游资源开发,景区资源持续保护的成本异常昂贵。另外,随着景区开放时间的推移,钟乳石必将面临与其他洞穴中沉积物一样被氧化的命运,变色而丧失独特性,致使景区观赏性渐次消失,故变异性的潜在危险特别大。

综合溶洞旅游景观生命周期比较短的特点,从实践经验方面讲,"红玉洞"不宜进行旅游开发,但依据当地的资源客观状况,发展旅游经济是脱贫的较好出路。政府、社会都可能理性要求投资方注意开发中的保护措施问题,然而无数资源开发利用的现实案例,常常证实这种旅游经济型开发基本很难达到两全其美,至少自然洞穴的发掘所产生的震动必然会使鹅管、卷曲石等小景观断落,而工程扬尘也定会污染了洁白的钟乳石。

思考:
如何平衡旅游资源开发与保护之间的矛盾?

任务一　认识旅游资源保护

任务目标

1. 理解旅游资源定义与类型,了解旅游资源法律保护的基本情况;
2. 了解旅游资源规划与促进的主要内容。

相关知识

一、旅游资源的含义与类型

旅游资源是指自然界和人类社会凡能对旅游者产生吸引力,可以为旅游业开发利用,并可产生经济效益、社会效益和环境效益的各种事物和因素。

旅游资源主要包括自然风景旅游资源和人文景观旅游资源（图9-1）。自然风景旅游资源包括高山、峡谷、森林、火山、江河、湖泊、海滩、温泉、野生动植物、气候等，可归纳为地貌、水文、气候、生物四大类。人文景观旅游资源包括历史文化古迹、古建筑、民族风情、现代建设新成就、饮食、购物、文化艺术和体育娱乐等，可归纳为人文景物、文化传统、民情风俗、体育娱乐四大类。

图 9-1　旅游资源的分类

二、旅游资源的法律保护

旅游资源是发展旅游业的基础。一个国家或地区旅游业的发展状况，在很大程度上取决于当地旅游资源的数量、特色和价值。为了旅游业的持续发展，必须很好地处理旅游资源的开发、利用和保护之间的关系。目前，世界各国在大力发展旅游业，充分开发利用旅游资源的同时，也非常重视旅游资源的保护问题，并把其视为旅游业能否持续发展的根本保证。

随着我国旅游业的不断发展，我国制定了一系列与旅游资源开发与保护有关的法律、法规及部门规章，《旅游法》中也有相关规定，如表9-1所示。

表 9-1　我国旅游资源开发与保护主要法律法规

法律法规名称	简要说明
《旅游资源保护暂行办法》	2007年9月4日国家旅游局发布，自发布之日起实施
《风景名胜区条例》	2006年9月6日国务院第149次常务会议通过，自2006年12月1日起施行
《文物保护法》	1982年11月19日第五届全国人民代表大会常务委员会第二十五次会议通过，1991年6月29日、2002年10月28日、2007年12月29日、2013年6月29日、2015年4月24日、2017年11月4日分别修正，自公布之日起施行
《中华人民共和国自然保护区条例》	1994年9月2日国务院第24次常务会议讨论通过，1994年10月9日国务院令第167号发布，自1994年12月1日起施行；2011年1月8日、2017年10月7日分别修订
《旅游区（点）质量等级的划分与评定》（GB/T 17775-2003）	国家质量监督检验检疫总局[①]2004年10月28日发布，2005年1月1日实施
《旅游景区质量等级管理办法》	国家旅游局2005年颁布，2012年4月16日修订，2012年5月1日起实施

---

① 现国家市场监督管理总局。

项目九　旅游资源保护法律制度

三、旅游规划与促进

《旅游法》第三章对旅游规划与促进作了如下规定。

（1）国务院和县级以上地方人民政府应当将旅游业发展纳入国民经济和社会发展规划。

国务院和省、自治区、直辖市人民政府以及旅游资源丰富的设区的市和县级人民政府，应当按照国民经济和社会发展规划的要求，组织编制旅游发展规划。对跨行政区域且适宜进行整体利用的旅游资源进行利用时，应当由上级人民政府组织编制或者由相关地方人民政府协商编制统一的旅游发展规划。

（2）旅游发展规划应当包括旅游业发展的总体要求和发展目标，旅游资源保护和利用的要求和措施，以及旅游产品开发、旅游服务质量提升、旅游文化建设、旅游形象推广、旅游基础设施和公共服务设施建设的要求和促进措施等内容。

根据旅游发展规划，县级以上地方人民政府可以编制重点旅游资源开发利用的专项规划，对特定区域内的旅游项目、设施和服务功能配套提出专门要求。

（3）对自然资源和文物等人文资源进行旅游利用，必须严格遵守有关法律、法规的规定，符合资源、生态保护和文物安全的要求，尊重和维护当地传统文化和习俗，维护资源的区域整体性、文化代表性和地域特殊性，并考虑军事设施保护的需要。有关主管部门应当加强对资源保护和旅游利用状况的监督检查。

（4）国务院和县级以上地方人民政府应当根据实际情况安排资金，加强旅游基础设施建设、旅游公共服务和旅游形象推广。

（5）国家制定并实施旅游形象推广战略。国务院旅游主管部门统筹组织国家旅游形象的境外推广工作，建立旅游形象推广机构和网络，开展旅游国际合作与交流。

县级以上地方人民政府统筹组织本地的旅游形象推广工作。

（6）国家鼓励和支持发展旅游职业教育和培训，提高旅游从业人员素质。

知识考查

1. 旅游资源是指_____和_____凡能对旅游者产生吸引力，可以为旅游业开发利用，并可产生经济效益、社会效益和环境效益的各种事物和因素。

2. 旅游资源主要包括自然风景旅游资源和人文景观旅游资源。自然风景旅游资源可归纳为_____、_____、_____、_____四大类。人文景观旅游资源可归纳为_____、_____、_____、_____四大类。

3. 国家制定并实施_____战略。

任务二　认知人文旅游资源保护制度

任务目标

1. 了解人文旅游资源的概念，理解文物的概念、特性与分类；
2. 了解文化遗产的定义与分类，知道我国文化与自然遗产日；
3. 掌握我国文物法律保护的主要内容。

相关知识

一、人文旅游资源概述

（一）人文旅游资源的概念

人文资源，是指人类历史发展所形成的各种有形或无形的实在物或文化传统。它既宏阔地展示着人类历史与社会文化的结晶，也集中反映了民族风貌、民族特色和文化精神的民族取向。

人文旅游资源，是指在人文资源的框架下，构成人文旅游的一切景观资源，其可既表现为现实的社会新象，也可表现为遗存的历史旧貌等人类文明的历程形态。

因为人文旅游资源与历史、经济、政治、文化和民族等因素有不可分割的物理事缘关系，所以具有鲜明的时代性、民族性和高度的思想性、历史性。文化旅游资源与自然旅游资源相比，对旅游者具有更为强烈的吸引力和感染力，富有更加绚丽多彩的人性、人格的内容。

（二）文物的定义、特性与分类

根据《文物保护法》的规定，文物是指具有历史、艺术、科学价值的、人类社会历史发展过程中遗留下来的、由人类创造或者与人类活动有关的一切有价值的物质遗产。

文物在人文资源中占有重要的地位，也是国家用来发展文化旅游的重要资源，并以直观形象性、历史真实性、社会典型性和不可再生性的基本特征及其所具有的历史价值、艺术价值和科学价值不仅强烈地吸引着旅游者，也强烈地彰显着人类历史的文明进程。

目前，我国根据不同的分类依据，对文物有不同的分类法。按照产生时间可划分为古代文物和近现代文物；按照文物性质可划分为历史文物和革命文物；按照文物来源可划分为出土文物和传世文物；按照保存方法可划分为馆藏文物和散存文物；按照移动状况可划分为可移动文物和不可移动文物。

(三) 文化遗产概述

1. 文化遗产的定义与分类

从存在形态上，文化遗产分为物质文化遗产（有形文化遗产）和非物质文化遗产（无形文化遗产）。

物质文化遗产是指具有历史、艺术和科学价值的文物，包括古遗址、古墓葬、古建筑、石窟寺、石刻、壁画、近代现代重要史迹及代表性建筑等不可移动文物，历史上各时代的重要实物、艺术品、文献、手稿、图书资料等可移动文物；以及在建筑式样、分布均匀或与环境景色结合方面具有突出普遍价值的历史文化名城（街区、村镇）。

非物质文化遗产是指各族人民世代相传并视为其文化遗产组成部分的各种传统文化表现形式，以及与传统文化表现形式相关的实物和场所。非物质文化遗产包括传统口头文学以及作为其载体的语言；传统美术、书法、音乐、舞蹈、戏剧、曲艺和杂技；传统技艺、医药和历法；传统礼仪、节庆等民俗；传统体育和游艺；其他非物质文化遗产。

2. 文化遗产日

2006年2月，国务院发布《关于加强文化遗产保护工作的通知》，要求进一步加强文化遗产保护，并决定从2006年起，每年6月的第二个星期六为我国"文化遗产日"。

2016年9月，国务院批复住房和城乡建设部，同意自2017年起，将每年6月第二个星期六的"文化遗产日"，调整设立为"文化和自然遗产日"。

从2009年国家文物局创设主场城市活动机制以来，每年的文化遗产日国家文物局都选择一座城市举办文化遗产日主场城市活动。

2021年6月12日是文化和自然遗产日，活动主题为"文物映耀百年征程"，主场城市有关活动在重庆市举行。

二、我国文物的法律保护

(一) 文物管理与保护

1. 文物保护的方针

我国的文物保护工作实行"保护为主、抢救第一、合理利用、加强管理"的方针。

（1）"保护为主"是针对利用而言的，"保护为主"是利用的基础和前提，是第一位的，必须贯穿于利用的全过程。

（2）"抢救第一"是指在保护工作诸环节中，要区分轻重缓急，突出"抢救"这一重点。

（3）"合理利用"，一是说利用的"度"是否合理，是否超越了保护与利用之间的临界点，表现出掠夺性利用的现象；二是说利用的目的是否在于宣传教育和科学研究。

（4）"加强管理"，是强调正确处理文物利用的过程中经济效益与文化效益、物质效益与精神效益、市场效益与社会效益等诸多既有矛盾又须统合的关系。

2. 我国法律保护的文物类型

（1）具有历史、艺术、科学价值的古文化遗址、古墓葬、古建筑、石窟寺和石刻、壁画。

（2）与重大历史事件、革命运动或者著名人物有关的，以及具有重要纪念意义、教育意义或史料价值的近代现代重要史迹、实物、代表性建筑。

（3）历史上各时代珍贵的艺术品、工艺美术品。

（4）历史上各时代重要的文献资料以及具有历史、艺术、科学价值的手稿和图书资料等。

（5）反映历史上各时代、各民族社会制度、社会生产、社会生活的代表性实物。

（6）具有科学价值的古脊椎动物化石和古人类化石。

（7）乡土建筑、工业遗产、农业遗产、商业老字号、文化线路、文化景观等特殊类型文物。

3. 文物保护及文物保护级别

（1）文物的认定标准与办法，由国务院文物行政部门制定，并报国务院批准。

（2）古文化遗址、古墓葬、古建筑、石窟寺、石刻、壁画、近代现代重要史迹和代表性建筑等不可移动文物，根据它们的历史、艺术、科学价值，可以分别确定为不同级别的文物保护单位。

（3）历史上各时代的重要实物、艺术品、文献、手稿、图书资料、代表性实物等可移动文物，分为珍贵文物和一般文物；珍贵文物分为一级文物、二级文物、三级文物。

（二）文物法律保护的主要内容

1. 文物管理机构的职责

（1）国务院文物行政部门主管全国的文物保护工作。

（2）地方各级人民政府保护本行政区域内的文物保护工作、县级以上地方人民政府承担文物保护工作的部门对本行政区域内的文物保护实施监督管理。

(3)县级以上人民政府有关行政部门在各自的职责范围内，负责有关的文物保护工作。

(4)各级人民政府应重视文物保护，正确处理经济建设、社会发展与文物保护的关系，确保文物安全。基本建设、旅游发展须遵守文物保护工作的方针，其活动不得对文物造成损害。

(5)公安机关、工商行政管理部门、海关、城乡建设规划部门和其他有关国家机关，应当依法认真履行所承担的保护文物的职责，维护文物管理秩序。

2. 文物所有权的法律保护

《文物保护法》规定："国有文物所有权受法律保护，不容侵犯。""一切机关、组织和个人都有依法保护文物的义务。"

(1)国有文物所有权的保护。中华人民共和国境内地下、内水和领海中遗存的一切文物，属于国家所有。古文化遗址、古墓葬、石窟寺属于国家所有。国家指定保护的纪念建筑物、古建筑、石刻、壁画、近代现代代表性建筑等不可移动文物，除国家另有规定的以外，属于国家所有。国有不可移动文物的所有权不因其所依附的土地所有权或者使用权的改变而改变。国有文物收藏单位以及其他国家机关、部队和国有企业、事业组织等收藏、保管的文物属国家所有。属于国家所有的可移动文物的所有权不因其保管、收藏单位的终止或者变更而改变。国家征集、购买的文物属于国家所有。公民、法人和其他组织捐赠给国家的文物属于国家所有；法律规定属于国家所有的其他文物。

(2)非国有文物所有权的保护。属于集体所有和私人所有的纪念建筑物、古建筑和祖传文物以及依法取得的其他文物，其所有权受法律保护。文物所有者必须遵守国家有关文物保护的法律、法规的规定。

（三）不可移动文物的法律保护

1. 文物保护单位的等级

不可移动文物，根据其历史、艺术、科学价值程度，可确定为全国重点文物保护单位；省级文物保护单位；市级和县级文物保护单位三个级别。

2. 文物资源利用的法律保护措施

1）利用性法律保护

(1)核定为文物保护单位的属于国家所有的纪念建筑物或者古建筑，除可以建立博物馆、保管所或者辟为参观游览场所外，作其他用途的，市、县级文物保护单位应当经核定公布该文物保护单位的人民政府文物行政部门征得上一级文物行政部门同意后，报核定公布该文物保护单位的人民政府批准。

（2）全国重点文物保护单位作其他用途的，应由省、自治区、直辖市人民政府报国务院批准。

（3）国有未核定为文物保护单位的不可移动文物作其他用途的，应当报告县级人民政府文物行政部门。

（4）根据保证文物安全、进行科学研究和充分发挥文物作用的需要，省、自治区、直辖市人民政府文物行政部门经本级人民政府批准，可以调用本行政区域内的出土文物。

（5）国务院文物行政部门经国务院批准，可以调用全国的重要出土文物。

2）其他法律保护

（1）国有不可移动文物不得转让、抵押。建立博物馆、保管所或者辟为参观游览场所的国有文物保护单位，不得作为企业资产经营。

（2）非国有不可移动文物不得转让、抵押给外国人。

（3）非国有不可移动文物转让、抵押或者改变用途的，应根据其级别呈报相应的文物行政部门备案。

（4）使用不可移动文物，须遵守不改变文物原状的原则，负责保护建筑物及其附属文物的安全，不得损毁、改建、添建或者拆除不可移动文物。

（5）对危害文物保护单位安全、破坏文物保护单位历史风貌的建筑物、构筑物，当地人民政府应当及时调查处理，必要时，对该建筑物、构筑物予以拆迁。

（四）民间收藏文物与文物流通

1. 民间收藏文物的取得

文物收藏单位以外的公民、法人和其他组织可以收藏通过下列方式取得的文物。

（1）依法继承或者接受赠与。

（2）从文物商店购买。

（3）从经营文物拍卖的拍卖企业购买。

（4）公民个人合法所有的文物相互交换或者依法转让。

（5）国家规定的其他合法方式。

2. 文物流通和文物捐赠

（1）文物收藏单位以外的公民、法人和其他组织合法收藏的文物可以依法流通。

（2）文物商店应当由省、自治区、直辖市人民政府文物行政部门批准设立，依法进行管理。

（3）公民、法人和其他组织不得买卖下列文物：国有文物，但是国家允许的除外；非国有馆藏珍贵文物；国有不可移动文物中的壁画、雕塑、建筑构件等（依法拆除的国有不可移动文物中不具备收藏价值的壁画、雕塑、建筑构件等除外）；非法取得的文物。

（4）国家鼓励文物收藏单位以外的公民、法人和其他组织将其收藏的文物捐赠给国有文物收藏单位或者出借给文物收藏单位展览和研究。

（5）国有文物收藏单位应当尊重并按照捐赠人的意愿，对捐赠的文物妥善收藏、保管和展示。

（五）文物出入境管理

1. 文物出境

1）珍贵文物不得出境

国有文物、非国有文物中的珍贵文物和国家规定禁止出境的其他文物，不得出境；但是依照《文物保护法》规定出境展览或者因特殊需要经国务院批准出境的除外。

2）出境批准制

（1）文物出境，应当经国务院文物行政部门指定的文物进出境审核机构审核。

（2）经审核允许出境的文物，由国务院文物行政部门发给文物出境许可证，从国务院文物行政部门指定的口岸出境。

（3）文物出境展览，应当报国务院文物行政部门批准。

（4）一级文物超过国务院规定数量的，应当报国务院批准。

（5）一级文物中的孤品和易损品，禁止出境展览。

（6）任何单位或者个人运送、邮寄、携带文物出境，应向海关申报；海关凭文物出境许可证放行。

（7）出境展览的文物出境，由文物进出境审核机构审核、登记。海关凭国务院文物行政部门或者国务院的批准文件放行。出境展览的文物复进境，由原文物进出境审核机构审核查验。

（8）临时进境的文物复出境，必须经原审核、登记的文物进出境审核机构审核查验；经审核查验无误的，由国务院文物行政部门发给文物出境许可证，海关凭文物出境许可证放行。

2. 文物入境

（1）海关申报制。文物临时进境，应当向海关申报，并报文物进出境审核机构审核、登记。

（2）法律禁止。国家禁止出境的文物，不得转让、出租、质押给外国人。

知识考查

1. _____是指在人文资源的框架下，构成人文旅游的一切景观资源，其可既表现为现实的社会新象，也可表现为遗存的历史旧貌等人类文明的历程形态。

2. 文物是指"具有_____的"、人类社会历史发展过程中遗留下来的、由人类创造或者与人类活动有关的一切有价值的物质遗产。

3. 从存在形态上，文化遗产分为_____和_____。

4. 2006年2月，国务院决定从2006年起，每年6月的_____为我国"文化遗产日"。

5. 我国的文物保护工作实行"保护为主、抢救第一、合理利用、加强管理"的方针。

6. 简述物质文化遗产和非物质文化遗产的种类。
_____
_____
_____
_____

7. 简述我国法律保护的文物类型。
_____
_____
_____
_____

任务三　认知风景名胜区管理制度

任务目标

1. 了解风景名胜区的概念与类型；
2. 理解风景名胜区的管理原则，了解风景名胜区管理机构和权限；
3. 了解风景名胜区旅游资源的保护与利用。

项目九　旅游资源保护法律制度

相关知识

一、风景名胜区的概念

风景名胜区，是指具有观赏、文化或者科学价值，自然景观、人文景观比较集中，环境优美，可供人们游览或者进行科学、文化活动的区域。

风景名胜区必须具备以下三个条件。

（1）具有观赏、文化或科学价值。例如，长江三峡具有极大的观赏价值；北京周口店猿人遗址具有极高的文化价值；四川都江堰具有巨大的科学价值。

（2）自然景物、人文景物比较集中。自然景物又称自然旅游资源，是指因外在地理条件天然形成的自然景色，主要由特定条件下形成的山、水、云、石、动植物等各自或相互组合而形成的景观。人文景物又称人文旅游资源，是指由于历史发展所产生的各种有形或无形的旧物或文化传统。作为风景名胜区，应该是自然景物和人文景物比较集中的区域。从目前我国风景名胜区来看，有的是自然景物和人文景物都比较集中的区域，如四川的峨眉山、都江堰，杭州的西湖；也有的是纯自然景物比较集中的区域，如九寨沟、黄山、张家界等。

（3）可供人们游览、休息或进行科学文化活动。例如，名山大川可供人们游览观光，历史遗迹可供人们凭吊等。

二、风景名胜区的类型

根据《风景名胜区条例》的规定，我国风景名胜区划分为国家级风景名胜区和省级风景名胜区二大类，不同级别的风景名胜区，划分的依据亦不同。

（1）国家级风景名胜区。自然景观和人文景观能够反映重要的自然变化过程和重大的历史文化发展过程，基本处于自然状态或者保持历史原貌，具有国家代表性的，可以申请设立国家级风景名胜区。

（2）省级风景名胜区。具有区域代表性的，可以申请设立省级风景名胜区。

三、风景名胜区的管理

（一）管理原则

国家对风景名胜区实行科学规划、统一管理、严格保护、永续利用的原则。

（二）管理机构和权限

（1）国务院建设主管部门负责全国风景名胜区的监督管理工作。

（2）国务院其他有关部门按照国务院规定的职责分工，负责风景名胜区的有关监督管理工作。

（3）省、自治区人民政府建设主管部门和直辖市人民政府风景名胜区主管部门，负责本行政区域内风景名胜区的监督管理工作。

（4）省、自治区、直辖市人民政府其他有关部门按照规定的职责分工，负责风景名胜区的有关监督管理工作。

（5）风景名胜区所在地县级以上地方人民政府设置的风景名胜区管理机构，负责风景名胜区的保护、利用和统一管理工作。

（三）管理信息和抄报制度

（1）国家建立风景名胜区管理信息系统，对风景名胜区规划实施和资源保护情况进行动态监测。

（2）国家级风景名胜区所在地的风景名胜区管理机构应每年向国务院建设主管部门报送风景名胜区规划实施和土地、森林等自然资源保护的情况。

（3）国务院建设主管部门应当将土地、森林等自然资源保护的情况，及时抄送国务院有关部门。

四、风景名胜区的旅游资源保护与利用

（一）风景名胜区旅游资源的保护

风景名胜区的一切景物和自然环境，须得到严格保护，不得破坏或者随意改变。许多风景名胜资源具有不可再生的特点，一旦被破坏或毁灭，将不复存在。因此，加强对风景名胜区旅游资源的保护，不仅是法律规定的要求，也是人类社会历史、现在和未来的必然要求。

1. 景观保护

（1）风景名胜区内的景观和自然环境，应当根据可持续发展的原则，严格保护，不得破坏或者随意改变。

（2）风景名胜区管理机构应当建立健全风景名胜资源保护的各项管理制度。

（3）风景名胜区内的居民和游览者应当保护风景名胜区的景物、水体、林草植被、野生动物和各项设施。

（4）风景名胜区管理机构应当对风景名胜区内的重要景观进行调查、鉴定，并制定相应的保护措施。

（5）在风景名胜区内从事《风景名胜区条例》第二十六条、第二十七条禁止范围以外的建设活动，应当经风景名胜区管理机构审核后，依照有关法律、法规的规定办理审批手续。

（6）在国家级风景名胜区内修建缆车、索道等重大建设工程，项目的选址方案应当报省、自治区人民政府建设主管部门和直辖市人民政府风景名胜区主管部门核准。

2. 禁止性活动

在风景名胜区内禁止进行下列活动。

（1）开山、采石、开矿、开荒、修坟立碑等破坏景观、植被和地形地貌的活动。

（2）修建储存爆炸性、易燃性、放射性、毒害性、腐蚀性物品的设施。

（3）在景物或者设施上刻划、涂污。

（4）乱扔垃圾。

（5）禁止违反风景名胜区的规划，在风景名胜区内设立各类开发区和在核心景区内建设宾馆、招待所、培训中心、疗养院，以及与风景名胜资源保护无关的其他建筑物；已经建设的，应按照风景名胜区规划，逐步迁出。

阅读案例

申请建设宾馆会被批准吗

某国家级风景名胜区在旅游旺季的时候，旅游者众多，而山上住宿设施有限，很多旅游者不得不打消了在山上住宿的念头。某单位得知这一情况后，决定申请在山上建一宾馆，既可满足旅游者的住宿需求，也能获得经济收益。请问，这家单位申请会被批准吗？

该单位的申请不可能被批准。《风景名胜区条例》规定，禁止违反风景名胜区规划，在风景名胜区内设立各类开发区和在核心景区内建设宾馆、招待所、培训中心、疗养院以及与风景名胜资源保护无关的其他建筑物；已经建设的，应当按照风景名胜区规划，逐步迁出。违反此规定者也在重罚之列，而且相关责任人员要受到行政处分，甚至被追究刑事责任。

（二）风景名胜区旅游资源的利用

1. 对文化活动的规定

风景名胜区管理机构应当根据风景名胜区的特点，保护民族民间的传统文化，开展健康有益的游览观光和文化娱乐活动，普及历史文化和科学知识。

2. 对基础设施的规定

（1）风景名胜区管理机构应当根据风景名胜区的规划，合理利用风景名胜资源，改善交通、服务设施和游览条件。

（2）风景名胜区管理机构应当在风景名胜区内设置风景名胜区标志和路标、安全警示等标牌。

3. 对经营利用的规定

（1）进入风景名胜区的门票，由景区管理机构负责出售。门票价格依照有关价格的法律、法规的规定执行。

（2）风景名胜区内的交通、服务等项目，应当由风景名胜区管理机构依照有关法律、法规和风景名胜区规划，采用招标等公平竞争的方式确定经营者。

（3）风景名胜区管理机构应当与经营者签订合同，依法确定各自的权利义务。经营者应当缴纳风景名胜资源有偿使用费。

4. 对管理人员的规定

（1）风景名胜区管理机构不得从事以营利为目的的经营活动，不得将规划、管理和监督等行政管理职能委托给企业或者个人行使。

（2）风景名胜区管理机构的工作人员，不得在风景名胜区内的企业兼职。

5. 其他规定

（1）对风景名胜区内宗教活动场所的管理，依照国家有关宗教活动场所管理的规定执行。

（2）风景名胜区内涉及自然资源保护、利用、管理和文物保护以及自然保护区管理的，还应当执行国家有关法律、法规的规定。

知识考查

1. 风景名胜区是指具有＿＿＿＿＿价值，＿＿＿＿＿比较集中，环境优美，可供人们游览或者进行科学、文化活动的区域。

2. 我国风景名胜区划分为＿＿＿＿＿和＿＿＿＿＿二大类

3. 国家对风景名胜区实行＿＿＿＿＿的原则。

4. 简述风景名胜区内景观保护的有关规定。

_____

_____

_____

5. 简述风景名胜区内禁止开展的活动。

任务四　认知自然保护区管理制度

任务目标

1. 了解自然保护区的含义、分类与命名方式；
2. 了解自然保护区的区域划分；
3. 掌握自然保护区的法律禁止、限制性规定及相关的法律责任。

相关知识

一、自然保护区的含义

自然保护区是指对有代表性的自然生态系统、珍稀濒危野生动植物物种的天然集中分布区、有特殊意义的自然遗址等保护对象所在的陆地、陆地水体或者海域，依法划出一定面积予以特殊保护和管理的区域。

根据《自然保护区条例》的规定，凡具有下列条件之一的，应当建立自然保护区。

（1）典型的自然地理区域、有代表性的自然生态系统区域以及已经遭受破坏但经保护能够恢复的同类自然生态系统区域。

（2）珍稀、濒危野生动植物物种的天然集中分布区域。

（3）具有特殊保护价值的海域、海岸、岛屿、湿地、内陆水域、森林、草原和荒原。

（4）具有重大科学文化价值的地质构造、著名溶洞、化石分布区、冰川、火山、温泉等自然遗址。

（5）经国务院或者省、自治区、直辖市人民政府批准，需要予以特殊保护的其他自然区域。

二、自然保护区的分类与命名方式

（一）自然保护区的分类

自然保护区分为国家级自然保护区和地方级自然保护区。

在国内外有典型意义、在科学上有重大国际影响或者有特殊科学研究价值的自然保护区，列为国家级自然保护区。

除列为国家级自然保护区的外，其他具有典型意义或者重要科学研究价值的自然保护区列为地方级自然保护区。地方级自然保护区可以分级管理，具体办法由国务院有关自然保护区行政主管部门或者省、自治区、直辖市人民政府根据实际情况规定，报国务院环境保护行政主管部门备案。

（二）自然保护区的命名方式

（1）国家级自然保护区：自然保护区所在地地名加"国家级自然保护区"。

（2）地方级自然保护区：自然保护区所在地地名加"地方级自然保护区"。

（3）有特殊保护对象的自然保护区，可以在自然保护区所在地地名后加特殊保护对象的名称。

三、自然保护区的区域划分

自然保护区可以分为核心区、缓冲区和实验区。

自然保护区内保存完好的天然状态的生态系统以及珍稀、濒危动植物的集中分布地，应当划为核心区，禁止任何单位和个人进入；除依照《自然保护区条例》第二十七条的规定经批准外，不允许进入从事科学研究活动。

核心区外围可以划定一定面积的缓冲区，只准进入从事科学研究观测活动。

缓冲区外围划为实验区，可以进入从事科学试验、教学实习、参观考察、旅游以及驯化、繁殖珍稀、濒危野生动植物等活动。

原批准建立自然保护区的人民政府认为必要时，可以在自然保护区的外围划定一定面积的外围保护地带。

四、自然保护区的法律禁限与法律处罚

（一）法律禁限

1. 禁止性的生产活动

禁止在自然保护区内进行砍伐、放牧、狩猎、捕捞、采药、开垦、烧荒、开矿、采石、捞沙等活动；但是，法律、行政法规另有规定的除外。

2. 禁止性的项目区域

禁止任何人进入自然保护区的核心区。因科学研究需要，必须进入核心区从事科学研究观测、调查活动的，应当事先向自然保护区管理机构提交申请和活动计划，并经自然保护区管理机构批准。其中，进入国家级自然保护区核心区的，应当经省、自治区、直辖市人民政府有关自然保护区行政主管部门批准。

在自然保护区的核心区和缓冲区内，不得建设任何生产设施。

在自然保护区的实验区内，不得建设污染环境、破坏资源或者景观的生产设施；建设其他项目，其污染物排放不得超过国家和地方规定的污染物排放标准。在自然保护区的实验区内已经建成的设施，其污染物排放超过国家和地方规定的排放标准的，应限期治理；造成损害的，须采取补救措施。

在自然保护区的外围保护地带建设的项目，不得损害自然保护区内的环境质量；已造成损害的，应限期治理。

3. 限定活动的审批

（1）禁止在自然保护区的缓冲区开展旅游和生产经营活动。

（2）因教学科研的目的，需要进入自然保护区的缓冲区从事非破坏性的科学研究、教学实习和标本采集活动的，应当事先向自然保护区管理机构提交申请和活动计划，经自然保护区管理机构批准，并应当将其活动成果的副本提交自然保护区管理机构。

（3）在自然保护区组织参观、旅游活动的，须按照批准的方案进行，并加强管理。

（4）进入自然保护区参观、旅游的单位和个人，应当服从自然保护区管理机构的管理。

（5）严禁开设与自然保护区保护方向不一致的参观、旅游项目。

（二）法律责任

（1）有下列行为之一的单位和个人，由自然保护区管理机构责令其改正，并可以根据不同情节处以100元以上5 000元以下的罚款：①擅自移动或者破坏自然保护区界标的；②未经批准进入自然保护区或者在自然保护区内不服从管理机构管理的；③经批准在自然保护区

的缓冲区内从事科学研究、教学实习和标本采集的单位和个人，不向自然保护区管理机构提交活动成果副本的。

（2）违反《自然保护区条例》，在自然保护区进行砍伐、放牧、狩猎、捕捞、采药、开垦、烧荒、开矿、采石、挖沙等活动的单位和个人，除可依照有关法律、行政法规的规定给予处罚的以外，由县级以上人民政府有关自然保护区行政主管部门或者其授权的自然保护区管理机构没收违法所得，责令停止违法行为，限期恢复原状或者采取其他补救措施；对自然保护区造成破坏的，可处以300元人民币以上1万元人民币以下的罚款。

（3）自然保护区管理机构违反《自然保护区条例》规定，拒绝环境保护行政主管部门或者有关自然保护区行政主管部门监督检查，或者在被检查时弄虚作假的，由县级以上人民政府环境保护行政主管部门或者有关自然保护区行政主管部门给予300元以上3 000元以下的罚款。

（4）自然保护区管理机构有下列行为之一的，由县级以上人民政府有关自然保护区行政主管部门责令限期改正；对直接责任人员，由其所在单位或者上级机关给予行政处分。具体行为诸如：①未经批准在自然保护区开展参观、旅游活动；②开设与自然保护区保护方向不一致的参观、旅游项目；③不按照批准的方案开展参观、旅游活动的。

（5）违反《自然保护区条例》，给自然保护区造成损失的，由县级以上人民政府有关自然保护区行政主管部门责令赔偿损失。

（6）妨碍自然保护区管理人员执行公务的，由公安机关依照《中华人民共和国治安管理处罚法》的规定给予处罚；情节严重，构成犯罪的，依法追究刑事责任。

（7）违反《自然保护区条例》，造成自然保护区受到重大污染或者破坏的事故，导致公私财产受到重大损失或者人身伤亡的严重后果，构成犯罪的，对直接负责的主管人员和其他直接责任人员依法追究刑事责任。

（8）自然保护区管理人员滥用职权、玩忽职守、徇私舞弊，构成犯罪的，依法追究刑事责任；情节轻微，尚不构成犯罪的，由该人所在单位或者上级机关给予行政处分。

知识考查

1. 自然保护区是指对有代表性的_____、珍稀濒危动植物物种的天然集中分布区和有特殊意义的_____等保护对象所在的陆地、水体或者海域，依法划出一定面积予以特殊保护和管理的区域。

2. 自然保护区分为_____和_____。

3. 在国内外有典型意义、在科学上有重大国际影响或者有特殊科学研究价值的自然保护区，列为_____。

4. 自然保护区可以分为_____、_____和_____。

项目九　旅游资源保护法律制度

5. 简述设立自然保护区的条件。

6. 简述自然保护区内禁止开展的生产活动。

课外实践

通过查阅资料或实地调查，对你所在城市的主要旅游资源进行分类整理。

项目总结

旅游资源是指自然界和人类社会凡能对旅游者产生吸引力，可以为旅游业开发利用，并可产生经济效益、社会效益和环境效益的各种事物和因素。旅游资源主要包括自然风景旅游资源和人文景观旅游资源。随着我国旅游业的不断发展，我国制定了一系列与旅游资源开发与保护有关的法律、法规以及部门规章。

人文旅游资源，是指在人文资源的框架下，构成人文旅游的一切景观资源，其可既表现为现实的社会新象，也可表现为遗存的历史旧貌等人类文明的历程形态。

文物是指具有历史、艺术、科学价值的、人类社会历史发展过程中遗留下来的、由人类创造或者与人类活动有关的一切有价值的物质遗产。我国的文物保护工作实行"保护为主、抢救第一、合理利用、加强管理"的方针。

从存在形态上，文化遗产分为物质文化遗产（有形文化遗产）和非物质文化遗产（无形文化遗产）。

风景名胜区，是指具有观赏、文化或者科学价值，自然景观、人文景观比较集中，环境优美，可供人们游览或者进行科学、文化活动的区域。国家对风景名胜区实行科学规划、统一管理、严格保护、永续利用的原则。

自然保护区是指对有代表性的自然生态系统、珍稀濒危动植物物种的天然集中分布区和有特殊意义的自然遗址等保护对象所在的陆地、水体或者海域，依法划出一定面积予以特殊保护和管理的区域。

项目总结

通过本项目的学习与实训,写下你的收获。

自我小结:

教师评价:

项目十

旅游者出入境管理法律制度

项目引言

自20世纪80年代以来,我国旅游业经历了从单一入境旅游到入境旅游、国内旅游两个市场,再到入境旅游、国内旅游、出境旅游三个市场的发展过程,不仅出入境旅游一直持续快速增长,而且随着我国经济社会的发展和人民生活水平的提高,我国出境旅游的规模也稳步扩大。

为了维护中华人民共和国的主权、安全和社会秩序,保护在中国境内的外国人的合法权利和利益,保障中国公民出入中国国境的正当权利和利益,发展和促进国际交往,国家先后颁布了《中华人民共和国出境入境管理法》(以下简称《出境入境管理法》)、《中华人民共和国国境卫生检疫法》等法律法规,这些法律、法规虽然不是专门为旅游业制定的,但关系到国家主权、安全和社会秩序,所以旅游行业必须无条件地遵守,特别是对从事出入境旅游的国际旅行社,具有特别重要的意义。

项目导航

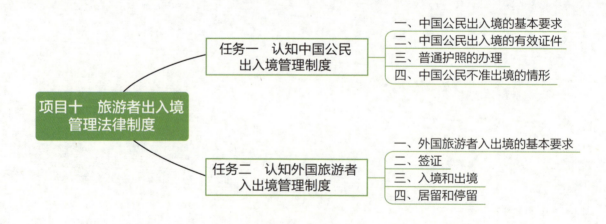

案例导入

甲与乙二人决定参加丙旅行社举办的 2018 年 12 月 26 日出发的日本团。甲于 12 月 11 日亲自到丙旅行社缴交团费 6 000 元人民币，并以"甲（姓名）等二人"的名义签订旅游合同书。当时丙旅行社承办人员询问甲是否需办护照及日本签证时，甲告知自己持有日本居留证，乙也已有日本签证，不须再办证件。

丙旅行社承办人员认为既然证件都有了，客人又要自己带证件到机场集合，遂要求甲再以电话告知二人护照上的英文姓名，以便办理机票。之后乙也以传真方式刷卡付费，由于丙旅行社并未针对此团特别召开说明会，因此双方仅以电话联络出团事宜，丙旅行社承办人员也没有再要求甲传真护照及签证以接受检查。

出发当日，甲、乙二人办理出境手续时，却被边防站检查出乙的护照过期，无法出境。二人因此都取消行程，并在返回南京之后立即向丙旅行社反映。

经过一番讨论，丙旅行社表示原则上同意让甲延至 2019 年 3 月再参加日本团体旅游，甲将乙的过期护照交给丙旅行社重办。但是丙旅行社计算后发现甲当日取消所衍生的费用相当高，因此，当甲于 1 月中再向丙旅行社询问重办护照进度时，丙旅行社告知无法安排甲、乙二人再参团。甲认为既然参团就是希望旅行社能代办所有事宜，结果却在护照上出问题，对丙旅行社未检查两人证照致无法出国旅游感到不满，因此向相关旅游行政管理机关投诉，请求处理。

思考：

丙旅行社是否承担责任？试说明理由。

任务一　认知中国公民出入境管理制度

任务目标

1. 了解中国公民出入境的基本要求；
2. 掌握中国公民出入境有效证件的种类；
3. 掌握普通护照的办理要点；
4. 知道中国公民不准出境的情形。

项目十　旅游者出入境管理法律制度

一、中国公民出入境的基本要求

（一）持证通行

中国公民出境入境，应当依法申请办理护照或者其他旅行证件。中国公民前往其他国家或者地区，还需要取得前往国签证或者其他入境许可证明。但是，中国政府与其他国家政府签订互免签证协议或者公安部、外交部另有规定的除外。中国公民以海员身份出境入境和在国外船舶上从事工作的，应当依法申请办理海员证。

中国公民往来内地与香港特别行政区、澳门特别行政区，中国公民往来大陆与台湾地区，应当依法申请办理通行证件，并遵守《出境入境管理法》的有关规定。具体管理办法由国务院规定。

（二）接受检查

中国公民出境入境，应当向出入境边防检查机关交验本人的护照或者其他旅行证件等出境入境证件，履行规定的手续，经查验准许，方可出境入境。具备条件的口岸，出入境边防检查机关应当为中国公民出境入境提供专用通道等便利措施。

二、中国公民出入境的有效证件

（一）护照

中华人民共和国护照是中华人民共和国公民出入国境和在国外证明国籍和身份的证件。护照分为普通护照、外交护照和公务护照。护照由外交部通过外交途径向外国政府推介。普通护照的有效期为：护照持有人未满16周岁的5年，16周岁以上的10年。

（二）旅行证

旅行证是中国旅游者出境入境的主要证件，由中国驻外国的外交代表机关、领事机关或者外交部授权的其他驻外机关颁发。旅行证分一年一次有效和两年多次有效两种，由持证人保存、使用。如因情况变化，需加注或变更旅行证上的记载事项，应提交变更、加注事项的证明或说明材料，向颁证机关提出申请。

（三）入境出境通行证

中华人民共和国入出境通行证是入出中国国（边）境的通行证件，由省、自治区、直辖市公安厅（局）及其授权的公安机关签发。这种证件在有效期内一次或者多次入境出境有效。一次有效的，在出境时由边防检查站收缴。

（四）签证

签证是指一国主管机关发给本国或外国公民准其入出该国国境或准许外国人在该国内停留、居住的许可证明。签证一般是做在本国或外国公民所持的护照或其他旅行证件上。未建交国一般将签证做在另纸上（称另纸签证），与护照同时使用。

中国旅游者出入境无须办理签证，只凭有效的护照或其证件即可，但中国旅游者如果前往、经过或停留某国，则须办妥去该国的签证。

申请出境旅游的我国旅游者，应持有效护照，到所去国家的驻华使、领馆提出申请，交验有关证明，办理出国签证。按照国际惯例，一般是按照护照种类发给相应的外交、公务、普通签证，但也有的国家规定可发给高于或低于护照种类的相应签证。

到与我国订有互免签证协议的国家旅游，可以免办入境签证。到这些国家旅游的中国旅游者可以不再需要到这些国家的驻华使、领馆申请签证。

到与我国有落地签证协议的国家旅游，中国旅游者可以在前往国的入境口岸办理签证。

（五）有效证件的吊销与作废

我国法律规定，护照及其他出境入境证件的持有人有下列情形之一的，原发证机关或其上级机关予以吊销或宣布作废。

（1）持证人因非法进入前往国或者非法居留被送回国内的。

（2）公民持护照、证件招摇撞骗的。

（3）从事危害国家安全、荣誉或利益活动的，伪造、涂改、转让、冒用出入境证件的或持用伪造、涂改的无效证件的，或编造情况、提供假证明、以行贿手段获取出入境证件的，有关人员还将受到收缴证件、警告、拘留的处罚，情节严重，构成犯罪的，依法追究刑事责任。

三、普通护照的办理

（一）申请程序

公民因前往外国定居、探亲、学习、就业、旅行、从事商务活动等非公务原因出国的，由本人向户籍所在地的县级以上地方人民政府公安机关出入境管理机构申请普通护照。公民申请普通护照，应当提交本人的居民身份证、户口簿、近期免冠照片及申请事由的相关材料。国家工作人员因《中华人民共和国护照法》第五条规定的原因出境申请普通护照的，还应当按照国家有关规定提交相关证明文件。

公安机关出入境管理机构应当自收到申请材料之日起 15 日内签发普通护照；对不符合规定不予签发的，应当书面说明理由，并告知申请人享有依法申请行政复议或者提起行政诉讼的权利。在偏远地区或者交通不便的地区或者因特殊情况，不能按期签发护照的，经护照签发机关负责人批准，签发时间可以延长至 30 日。公民因合理紧急事由请求加急办理的，公安机关出入境管理机构应当及时办理。

（二）不予签发护照的情形

申请人有下列情形之一的，护照签发机关不予签发护照。
（1）不具有中华人民共和国国籍的。
（2）无法证明身份的。
（3）在申请过程中弄虚作假的。
（4）被判处刑罚正在服刑的。
（5）人民法院通知有未了结的民事案件不能出境的。
（6）属于刑事案件被告人或者犯罪嫌疑人的。
（7）国务院有关主管部门认为出境后将对国家安全造成危害或者对国家利益造成重大损失的。

申请人有下列情形之一的，护照签发机关自其刑罚执行完毕或者被遣返回国之日起六个月至三年以内不予签发护照：①因妨害国（边）境管理受到刑事处罚的；②因非法出境、非法居留、非法就业被遣返回国的。

（三）申请或者换发护照

有下列情形之一的，护照持有人可以按照规定申请换发或者补发护照。
（1）护照有效期即将届满的。
（2）护照签证页即将使用完毕的。
（3）护照损毁不能使用的。
（4）护照遗失或者被盗的。
（5）有正当理由需要换发或者补发护照的其他情形。

护照持有人申请换发或者补发普通护照，在国内，由本人向户籍所在地的县级以上地方人民政府公安机关出入境管理机构提出；在国外，由本人向中华人民共和国驻外使馆、领馆或者外交部委托的其他驻外机构提出。定居国外的中国公民回国后申请换发或者补发普通护照的，由本人向暂住地的县级以上地方人民政府公安机关出入境管理机构提出。

四、中国公民不准出境的情形

《出境入境管理法》规定，中国公民有下列情形之一的，不准出境。

任务一　认知中国公民出入境管理制度

（1）未持有效出境入境证件或者拒绝、逃避接受边防检查的。

（2）被判处刑罚尚未执行完毕或者属于刑事案件被告人、犯罪嫌疑人的。

（3）有未了结的民事案件，人民法院决定不准出境的。

（4）因妨害国（边）境管理受到刑事处罚或者因非法出境、非法居留、非法就业被其他国家或者地区遣返，未满不准出境规定年限的。

（5）可能危害国家安全和利益，国务院有关主管部门决定不准出境的。

（6）法律、行政法规规定不准出境的其他情形。

阅读案例

存在未了的民事案件不准出境

经过一审判决、二审调解，甲公司与乙公司双方达成民事调解协议，由被告乙公司向甲公司支付欠款220余万元。虽系调解结案，但被告乙公司并未按约在期限内还款。2013年6月，法院应原告甲公司申请依法立案执行。执行过程中，执行法官发现被执行人乙公司可供执行财产不足以偿还欠款，而该公司法定代表人张某与被执行人公司存在财产混同，依据《中华人民共和国公司法》相关规定，法院立即追加张某为被执行人，就在法院下达执行通知书时，张某却"人间蒸发"，不见了踪影。

2014年6月17日22点，珠海拱北口岸出境口。

"请出示护照。"边检员道。

这时一位戴着眼镜的青年男子依言将护照递上。边检员仔细察看护照，又看了一眼面前的男子。

"先生对不起，请您到我们办公室稍等片刻，您的护照还需核实一下。"边检员说道。

五分钟后，两位身着制服的工作人员来到边检办公室，对青年男子问道："张某，我们是珠海拱北出入境边防检查站工作人员，经查，因你未履行（2013）抚民终字第×号、第×号民事调解书，有未了的民事案件，依据《中华人民共和国出境入境管理法》第十二条第（三）项规定，暂不允许出境。现在依法对你实施扣留。"

知识考查

1. 中国公民出境入境，应当依法申请办理_____或者其他旅行证件。

2. 中国公民出境入境，应当向_____交验本人的护照或者其他旅行证件等出境入境证件，履行规定的手续，经查验准许，方可出境入境。

3. _____是中华人民共和国公民出入国境和在国外证明国籍和身份的证件。

4. 公民申请普通护照，应当提交本人的_____、_____、_____以及申请事由的相关材料。

5. 公安机关出入境管理机构应当自收到申请材料之日起_____日内签发普通护照；对不符合规定不予签发的，应当书面说明理由，并告知申请人享有依法申请_____或者提起_____的权利。

6. 简述护照签发机关不予签发护照的情形。

_____
_____
_____
_____

7. 简述中国公民不准出境的情形。

_____
_____
_____
_____

任务二　认知外国旅游者入出境管理制度

任务目标

1. 了解外国旅游者入出境的基本要求；
2. 掌握签证的有关规定；
3. 掌握外国人入境和出境的有关规定；
4. 了解外国人居留和停留的有关规定。

出入境管理制度

相关知识

一、外国旅游者入出境的基本要求

（一）主管机关许可的原则

外国人入境、过境和在中国居留，必须经中国政府主管机关许可。

(二)指定口岸通行、接受边防检查的原则

外国人入境、出境、过境,必须从对外国人开放的或指定的口岸通行,接受边防检查机关的检查和监护。

(三)遵守中国法律的原则

外国人在中国境内,必须遵守中国法律、不得危害中国国家安全、损害社会公众利益、破坏社会公共秩序。

二、签证

《出境入境管理法》第十五条规定,外国人入境,应当向驻外签证机关申请办理签证,但是本法另有规定的除外。

(一)签证及其种类

签证分为外交签证、礼遇签证、公务签证、普通签证。签证的登记项目包括:签证种类,持有人姓名、性别、出生日期、入境次数、入境有效期、停留期限,签发日期、地点,护照或者其他国际旅行证件号码等。

对因外交、公务事由入境的外国人,签发外交、公务签证;对因身份特殊需要给予礼遇的外国人,签发礼遇签证。外交签证、礼遇签证、公务签证的签发范围和签发办法由外交部规定。

对因工作、学习、探亲、旅游、商务活动、人才引进等非外交、公务事由入境的外国人,签发相应类别的普通签证。普通签证的类别和签发办法由国务院规定。

(二)签证的申请

(1)外国人申请办理签证,应当向驻外签证机关提交本人的护照或者其他国际旅行证件,以及申请事由的相关材料,按照驻外签证机关的要求办理相关手续、接受面谈。

(2)外国人申请办理签证需要提供中国境内的单位或者个人出具的邀请函件的,申请人应当按照驻外签证机关的要求提供。出具邀请函件的单位或者个人应当对邀请内容的真实性负责。

(3)出于人道原因需要紧急入境,应邀入境从事紧急商务、工程抢修或者具有其他紧急入境需要并持有有关主管部门同意在口岸申办签证的证明材料的外国人,可以在国务院批准办理口岸签证业务的口岸,向公安部委托的口岸签证机关(以下简称口岸签证机关)申请办理口岸签证。

旅行社按照国家有关规定组织入境旅游的,可以向口岸签证机关申请办理团体旅游签证。

外国人向口岸签证机关申请办理签证,应当提交本人的护照或者其他国际旅行证件,以

及申请事由的相关材料，按照口岸签证机关的要求办理相关手续，并从申请签证的口岸入境。

口岸签证机关签发的签证一次入境有效，签证注明的停留期限不得超过 30 日。

（三）不予签发签证的情形

《出境入境管理法》规定，外国人有下列情形之一的，不予签发签证。

（1）被处驱逐出境或者被决定遣送出境，未满不准入境规定年限的。

（2）患有严重精神障碍、传染性肺结核病或者有可能对公共卫生造成重大危害的其他传染病的。

（3）可能危害中国国家安全和利益、破坏社会公共秩序或者从事其他违法犯罪活动的。

（4）在申请签证过程中弄虚作假或者不能保障在中国境内期间所需费用的。

（5）不能提交签证机关要求提交的相关材料的。

（6）签证机关认为不宜签发签证的其他情形。对不予签发签证的，签证机关可以不说明理由。

（四）免办签证

《出境入境管理法》规定，外国人有下列情形之一的，可以免办签证。

（1）根据中国政府与其他国家政府签订的互免签证协议，属于免办签证人员的。

（2）持有效的外国人居留证件的。

（3）持联程客票搭乘国际航行的航空器、船舶、列车从中国过境前往第三国或者地区，在中国境内停留不超过 24 小时且不离开口岸，或者在国务院批准的特定区域内停留不超过规定时限的。

（4）国务院规定的可以免办签证的其他情形。

（五）临时入境手续

《出境入境管理法》规定，有下列情形之一的外国人需要临时入境的，应当向出入境边防检查机关申请办理临时入境手续。

（1）外国船员及其随行家属登陆港口所在城市的。

（2）本法第二十二条第三项规定的人员需要离开口岸的。

（3）因不可抗力或者其他紧急原因需要临时入境的。

临时入境的期限不得超过 15 日。

对申请办理临时入境手续的外国人，出入境边防检查机关可以要求外国人本人、载运其入境的交通运输工具的负责人或者交通运输工具出境入境业务代理单位提供必要的保证措施。

三、入境和出境

（一）入境管理

外国人入境，应当向出入境边防检查机关交验本人的护照或者其他国际旅行证件、签证或者其他入境许可证明，履行规定的手续，经查验准许，方可入境。

外国人有下列情形之一的，不准入境。

（1）未持有效出境入境证件或者拒绝、逃避接受边防检查的。

（2）具有不予签发签证第一项至第四项规定情形的。

（3）入境后可能从事与签证种类不符的活动的。

（4）法律、行政法规规定不准入境的其他情形。

对不准入境的，出入境边防检查机关可以不说明理由。

对未被准许入境的外国人，出入境边防检查机关应当责令其返回；对拒不返回的，强制其返回。外国人等待返回期间，不得离开限定的区域。

（二）出境管理

外国人出境，应当向出入境边防检查机关交验本人的护照或者其他国际旅行证件等出境入境证件，履行规定的手续，经查验准许，方可出境。

外国人有下列情形之一的，不准出境。

（1）被判处刑罚尚未执行完毕或者属于刑事案件被告人、犯罪嫌疑人的，但是按照中国与外国签订的有关协议，移管被判刑人的除外。

（2）有未了结的民事案件，人民法院决定不准出境的。

（3）拖欠劳动者的劳动报酬，经国务院有关部门或者省、自治区、直辖市人民政府决定不准出境的。

（4）法律、行政法规规定不准出境的其他情形。

（三）遣送出境

外国人有下列情形之一的，可以遣送出境。

（1）被处限期出境，未在规定期限内离境的。

（2）有不准入境情形的。

（3）非法居留、非法就业的。

（4）违反《出境入境管理法》或者其他法律、行政法规需要遣送出境的。

其他境外人员有前款所列情形之一的，可以依法遣送出境。

被遣送出境的人员，自被遣送出境之日起1~5年内不准入境。

项目十 旅游者出入境管理法律制度

四、居留和停留

（一）签证停留期限的延长

外国人所持签证注明的停留期限不超过 180 日的，持证人凭签证并按照签证注明的停留期限在中国境内停留。需要延长签证停留期限的，应当在签证注明的停留期限届满七日前向停留地县级以上地方人民政府公安机关出入境管理机构申请，按照要求提交申请事由的相关材料。经审查，延期理由合理、充分的，准予延长停留期限；不予延长停留期限的，应当按期离境。延长签证停留期限，累计不得超过签证原注明的停留期限。

（二）居留证件的办理

外国人所持签证注明入境后需要办理居留证件的，应当自入境之日起 30 日内，向拟居留地县级以上地方人民政府公安机关出入境管理机构申请办理外国人居留证件。

申请办理外国人居留证件，应当提交本人的护照或者其他国际旅行证件，以及申请事由的相关材料，并留存指纹等人体生物识别信息。公安机关出入境管理机构应当自收到申请材料之日起 15 日内进行审查并作出审查决定，根据居留事由签发相应类别和期限的外国人居留证件。外国人工作类居留证件的有效期最短为 90 日，最长为 5 年；非工作类居留证件的有效期最短为 180 日，最长为 5 年。

（三）住宿管理

《出境入境管理法》第三十九条规定，外国人在中国境内旅馆住宿的，旅馆应当按照旅馆业治安管理的有关规定为其办理住宿登记，并向所在地公安机关报送外国人住宿登记信息。

外国人在旅馆以外的其他住所居住或者住宿的，应当在入住后 24 小时内由本人或者留宿人，向居住地的公安机关办理登记。

（四）限制区域

根据维护国家安全、公共安全的需要，公安机关、国家安全机关可以限制外国人、外国机构在某些地区设立居住或者办公场所；对已经设立的，可以限期迁离。未经批准，外国人不得进入限制外国人进入的区域。

知识考查

1. 《出境入境管理法》第十五条规定，外国人入境，应当向驻外签证机关申请办理_____，但是本法另有规定的除外。

任务二　认知外国旅游者入出境管理制度

2. 签证分为_____、_____、_____、_____。对因工作、学习、探亲、旅游、商务活动、人才引进等非外交、公务事由入境的外国人，签发相应类别的_____。

3. 简述不予签发签证的情形。
_____
_____
_____
_____

4. 简述不准外国人入境的情形。
_____
_____
_____
_____

5. 简述不准外国人出境的情形。
_____
_____
_____
_____

课外实践

采访一家旅行社有经验的出境领队，询问出境旅游的有关手续，学习出境游带团经验，做好采访记录，找机会与同学们分享。

项目总结

中国公民出境入境，应当依法申请办理护照或者其他旅行证件。中国公民出境入境，应当向出入境边防检查机关交验本人的护照或者其他旅行证件等出境入境证件，履行规定的手续，经查验准许，方可出境入境。

中华人民共和国护照是中华人民共和国公民出入国境和在国外证明国籍和身份的证件。

公民因前往外国定居、探亲、学习、就业、旅行、从事商务活动等非公务原因出国的，由本人向户籍所在地的县级以上地方人民政府公安机关出入境管理机构申请普通护照。

项目十　旅游者出入境管理法律制度

外国人入境、过境和在中国居留，必须经中国政府主管机关许可。外国人入境、出境、过境，必须从对外国人开放的或指定的口岸通行，接受边防检查机关的检查和监护。外国人在中国境内，必须遵守中国法律、不得危害中国国家安全、损害社会公众利益、破坏社会公共秩序。

外国人入境，应当向驻外签证机关申请办理签证

外国人入境，应当向出入境边防检查机关交验本人的护照或者其他国际旅行证件、签证或者其他入境许可证明，履行规定的手续，经查验准许，方可入境。

通过本项目的学习与实训，写下你的收获。

自我小结：

_____
_____
_____
_____
_____

教师评价：

_____
_____
_____
_____
_____

参 考 文 献

[1]《旅游法律法规》编写委员会. 旅游法律法规[M]. 北京：中国旅游出版社，2014.

[2] 瞿大风. 旅游法规与案例评析[M]. 天津：南开大学出版社，2014.

[3] 杨朝晖. 旅游法规教程[M]. 2版. 大连：东北财经大学出版社，2014.

[4] 王莉霞. 旅游法规：理论与实务[M]. 3版. 大连：东北财经大学出版社，2014.

[5] 李文汇，朱华. 旅游政策与法律法规[M]. 北京：北京大学出版社，2014.

[6] 法律出版社法规中心. 2014最新旅游法规汇编[M]. 北京：法律出版社，2014.

[7] 李娌. 案例解读《旅游法》[M]. 北京：旅游教育出版社，2014.

[8] 全国导游人员资格考试教材编写组. 旅游政策与法规[M]. 北京：旅游教育出版社，2016.

[9] 王世瑛. 旅游政策与法规[M]. 3版. 北京：旅游教育出版社，2016.

[10] 马萍. 旅游政策与法规[M]. 北京：高等教育出版社，2016.

[11] 李兴荣，李其原. 旅游法规[M]. 成都：西南财经大学出版社，2014.

[12] 王立龙. 旅游法规实务教程[M]. 重庆：重庆大学出版社，2014.

[13] 孙子文. 旅游法规教程[M]. 5版. 大连：东北财经大学出版社，2014.

[14] 国家旅游局人事劳动教育司. 旅游政策与法规[M]. 3版. 北京：旅游教育出版社，2014.